GULLIVER ENCHAÎNÉ

PHILIPPE GUIBERT

GULLIVER ENCHAÎNÉ

Le déclin du chef politique en France

LES ÉDITIONS DU CERF

Ouvrage apporté

par

Arnaud Benedetti

www.editionsducerf.fr
24, rue des Tanneries
75013 Paris

ISBN 978-2-204-16079-7

À la mémoire de Robert Damien.

Avant-propos

L'horizon de l'après-Macron se dessine, l'on commence à soupeser les chances de ses successeurs potentiels. Et pourtant, la nature du chef politique dont nous avons besoin est à peine à l'ordre du jour.

D'ailleurs, qu'est-ce qu'un « bon » chef politique ? Il le faudrait, la prochaine fois, plus soucieux des corps intermédiaires et moins autoritaire – sans doute ! Plus à l'écoute et moins technocrate – d'accord ! Plus de gauche et moins de droite, ou bien l'inverse – à chacun de voir. L'élection présidentielle y pourvoira ? Rien n'est moins sûr.

Un chef élu tout à fait légalement peut-il encore entraîner le pays, du moins une nette majorité de celui-ci, et pas seulement le contraindre, en « gérant » à la godille, recroquevillé sur sa base électorale et replié derrière les institutions ? On en doute et c'est l'objet de ce livre.

La question souligne un manque, que la réforme des retraites en 2023 a révélé, au sens photographique du terme. Celui de l'autorité et de la légitimité, vitales en démocratie, mais que la légalité électorale ne semble plus conférer en France depuis une quinzaine d'années. L'autorité, c'est quand on écoute et respecte une parole éminente même si on n'est pas convaincu dès l'abord ; la légitimité, quand on consent aux décisions, même si on est en désaccord. Et puis il y a toujours ce désir enfoui d'estime de soi collective, incarnée par un « leader ». Un désir refoulé depuis longtemps.

La construction du chef politique, comme celle d'un « présidentiable », passe pour être le domaine des communicants et des sondeurs. Ce serait une question d'« image personnelle » que l'on mesure et améliore à grand renfort de « proximité » et d'« écoute ». Au-delà, le problème est renvoyé aux constitutionnalistes et à la nature de notre régime politique. Mais comment évaluer le charisme, la légitimité ou l'autorité avec quelques questions sur des « traits d'image », ou en s'en tenant aux vieilles disputes de droit constitutionnel sur la nature du régime ? Les sciences sociales insistent beaucoup quant à elles sur les forces sous-jacentes dont les leaders en compétition sont l'expression. Sans toujours chercher à percer le mystère de cette incarnation plus indispensable que jamais dans notre démocratie hyper-personnalisée – y a-t-il jamais eu, d'ailleurs, de politique sans forte personnalisation ?

Seuls les historiens explorent encore l'enfance et la vieillesse des chefs, mais dans un monde par nature très éloigné du nôtre. Or ce changement d'âge démocratique redéfinit les termes de la question. Les militaires, eux, continuent de s'y intéresser : une longue expérience leur a enseigné le rôle essentiel de « celui qui commande ». Ils sont un peu seuls.

Mais « commander », voilà déjà un mot problématique. Désormais, il faut dire « gouvernance » et « leadership ».

Le « globish » adoucit les mots, pas toujours la chose. Dans les rayons des librairies, le management a dépassé la politique – signe d'un transfert de pouvoir caractéristique de notre époque où l'entreprise serait un lieu de décision plus efficace, voire plus puissant, que les institutions politiques. Le vieux trône qui a suscité tant d'ambitions, depuis le chef de horde décrit par Freud, n'est plus le pouvoir suprême. Tant mieux, peut-être, à condition qu'il subsiste néanmoins, et pas ses seules apparences. Aux dernières nouvelles, le choix de son occupant est tout de même la conséquence la plus directe de nos bulletins de vote !

L'âge global et numérique soumet à de rudes épreuves tant l'autorité que la légitimité politique. En France, le déclassement de nos présidents n'est plus le signe d'une saine contestation du pouvoir, mais de métamorphoses très problématiques. Un Gulliver enchaîné par les règles et les mœurs de notre époque, après avoir été élu par une majorité de votants réduite à peau de chagrin, voilà un redoutable défi.

À nous de voir si nous voulons contrarier le déclin du chef politique, tant lié à celui de notre pays.

Introduction

Plaidoyer pour le chef

« Ni Dieu, ni César, ni tribun », scandait *L'Internationale*. Voilà si longtemps que beaucoup en rêvent : se passer enfin de ces personnages abusifs, les chefs, individus encombrants et prétentieux qui voudraient nous subjuguer pour mieux asseoir leur domination... Nulle part pourtant, on l'aura remarqué, dans le temps comme dans l'espace (du moins terrestre), cette espérance – cette utopie ? – ne s'est tout à fait réalisée. Et surtout pas dans les pays qui ont chanté *L'Internationale*.

C'est un peu décevant : on voulait faire sortir le chef par la porte de la démocratie, le voilà qui revient par la fenêtre, parfois plus brutal. Même la dernière révolte anti-autoritaire et libertaire, en mai 1968, n'a pu empêcher de voir naître en son sein – grâce aux images – une figure charismatique, Dany le rouge (devenu vert), bien que Cohn-Bendit n'ait pas voulu assumer ce rôle. Et si la dernière révolte populaire, les Gilets jaunes, a vu quelques étoiles filantes se produire en vidéo-live, leur faible teneur en leadership n'est pas pour rien dans la dégénérescence progressive du mouvement.

Quelle fatalité que celle du chef, même relooké en « leader » ou « manager » ! Ne lui laisserait-on pas volontiers au bout du compte, à ce chef honni, sans trop se l'avouer, la responsabilité d'incarner et de décider, afin d'exercer (du moins en démocratie) le pouvoir compensateur de la critique et du jugement acerbe ? S'en plaindre à grands cris désormais numériques est aussi une jouissance réparatrice. Car qu'on divise le pouvoir, qu'on le limite ou le partage, une tête finit toujours par s'y imposer, qu'on accepte parfois avec un lâche soulagement, à défaut d'enthousiasme. Il en faut bien une.

Partout ? Enfin presque. Il y a une exception, un village gaulois de résistance au leadership, doté d'un chef réduit au minimum – moins qu'un inaugurateur de chrysanthème. Il est si près de nous qu'on y songe à peine : c'est la Suisse, ce pays qui prospère de se faire oublier. Un président helvète aurait-il laissé quelque trace ces vingt dernières années ? On sèche. Et pour cause : il n'y a pas de chef à plume digne de ce nom au pays des cantons. Notre voisin incolore et inodore vit sans personnification durable du pouvoir : un « conseil fédéral » de sept ministres, représentant les différentes familles politiques du pays, assure les fonctions du pouvoir exécutif, élu par les deux assemblées. Conseil tout à fait collégial, avec seulement une présidence tournante, d'une très courte durée, un an ! En 2022, le titulaire était un certain Ignazio Cassis ; Alain Berset, guère plus connu, lui a succédé début 2023. Sans voix prépondérante au sein du conseil, désigné souvent à l'ancienneté, la mission d'un président suisse est la représentation du pays, en plus de sa fonction ministérielle. En marge d'elle devrait-on dire, puisque la Suisse se représente si peu à l'extérieur. Cantons et communes y administrent la vie quotidienne et en cas de conflit interne – que l'on cherchera à éviter – la démocratie directe, par référendum d'initiative populaire, est là pour trancher. Consensus, collégialité, vote direct, avec un chef sans pouvoir ! La Suisse aurait-elle vaincu la malédiction du chef, cette « maladie honteuse de l'humanité », comme l'écrivait avec ironie le regretté Robert Damien, dans son *Éloge de l'autorité*[1] ?

On s'étonne que les institutions politiques suisses ne figurent pas au programme des vrais progressistes. Que la gauche française ne trouve pas là de quoi assouvir son rêve d'un pouvoir personnel enfin annihilé, dans un Hexagone pourtant en quête d'un modèle, depuis qu'il a perdu confiance dans le sien. Car enfin, le chef minimal qui ne décide de rien, la Révolution française elle-même n'y était pas parvenue ! Notre directoire collégial de 1795 aboutit dès 1799 au coup d'État de Bonaparte, lequel inaugure une longue série d'hommes providentiels, plus ou moins sauveurs de la patrie. De l'autre côté du Léman, pas de César en vue, alors que nous restons habités par le césarisme.

La Suisse, ce n'est pas assez bien pour nous sans doute. On méprise ce pays de longue date devenu royaume de l'argent qui dort et circule, toujours dans la discrétion – le nôtre, d'ailleurs, parfois ! On notera que l'argent a aussi permis à l'ancienne principauté de Venise, géniale république commerçante, de réussir un

1. Les références des livres cités sont situées en fin d'ouvrage.

exploit presque comparable, ses doges étant à la longue contraints par la collégialité. Seul le règne de l'argent, réputé de droite, permettrait ainsi un monde sans chef puissant – utopie réputée de gauche... On critiquera aussi la neutralité de la Suisse, comme dans le cas de la guerre en Ukraine. Question dérangeante : n'y aurait-il pas de vrai chef suisse, précisément parce qu'on n'y décide de pas grand-chose et qu'on ne veut surtout pas s'exposer, exister, s'opposer ?

L'exception suisse nous fait mieux apercevoir les forces motrices de la nécessité du chef, si impérieuse ailleurs. Plus un pays veut jouer un rôle sur la scène internationale, (songeons à ce que les présidents américains doivent au leadership mondial des États-Unis), plus il a besoin d'un chef l'incarnant et surtout décidant – pas la Suisse. Plus un pays est centralisé avec un État fort, plus il a besoin d'une responsabilité en dernier ressort et d'une unité de direction, donc d'un chef – toujours pas la Suisse. Plus un pays est *politique* en fait, vivant dans les troubles, les conflits internes et externes, plus la nécessité du chef s'impose. D'ailleurs, Machiavel, l'inventeur de la politique moderne, nous parle-t-il d'autre chose, avec ces luttes incessantes qui traversent la Cité entre le peuple et les « grands » (les élites de l'époque), l'agitation des voisins conquérants et celle des ambitieux de l'intérieur ? C'est bien cette instabilité chronique, cette menace permanente, ces conflits inexpiables qui obligent le Prince à une ascèse très particulière, sa *virtù*, faite de paraître, de ruse et de force, s'il veut maintenir son pouvoir.

La Suisse a en réalité cherché à réduire la politique à son minimum, à transformer le gouvernement des hommes en administration des choses, en se mettant à l'abri des ambitions locales comme des soubresauts du monde. D'où l'absence de chef, ou juste un, de passage pendant un an, pour la galerie. Vivons en paix, avec un bon compte en banque et des pantoufles confortables – quand le Crédit Suisse ne fait pas faillite... La politique, la vraie, celle qui divise et oppose ? Cette folie se termine toujours mal !

« À coup sûr les princes deviennent grands quand ils surmontent les difficultés et les embûches qu'on dresse sous leurs pas. Voilà pourquoi la fortune, pour grandir spécialement un prince nouveau, lui suscite des ennemis, inspire des conjurateurs, afin qu'il ait l'occasion d'en venir à bout. » Machiavel vend ici la mèche du politique, celle du chef en premier lieu : la conquête et l'exercice du pouvoir sont des combats incessants, dont les issues sont remises en cause par nature, et c'est en surmontant à chaque fois ces adversités que les « princes », par leur force ou leur ruse, renforcent leur légitimité. Autant dire que *la politique*, cette basse besogne d'arrière-cuisine, est au cœur *du politique*, cette noble organisation de la vie collective : la docte distinction que l'on fait entre les deux, en forme de conte pour enfants (ou de rêverie pour technocrates), cache cette « vérité effective des choses », que mener une « grande politique » est inséparable d'une lutte permanente pour le pouvoir.

Le modèle suisse a pourtant plus inspiré qu'on ne pourrait le croire, à son insu. Inspiration peu visible, car inconsciente en Europe, après sa longue et tragique guerre civile qui s'étale de 1914 à 1945, mais inspiration bien réelle. Ainsi l'Allemagne a-t-elle reproduit quelque chose de l'idée suisse du (non-) chef. L'Allemagne de l'après-guerre on veut dire, et plus encore celle de l'après-réunification de 1990. Ce pays a éprouvé, il est vrai, plus que d'autres, les délires monstrueux du maître absolu. Cette Allemagne traumatisée et culpabilisée s'en est remise au commerce extérieur et à l'industrie, avec grand succès d'ailleurs, ainsi qu'à la stabilité politique et à l'effacement diplomatique, en divisant le pouvoir national avec ses Länder, en imposant à son chancelier des coalitions et des négociations exigeantes, en privilégiant souvent le consensus, et en s'abstenant de toute intervention militaire. Après 1945, une cure de désintoxication du charisme y était sans aucun doute nécessaire.

La guerre en Ukraine déclenchée à ses portes par la Russie est venue déranger ce bel équilibre politique et mercantile. Le modèle allemand est depuis remis en cause, et le bilan d'Angela Merkel avec. Icône européenne, figure non charismatique et se revendiquant telle, celle qui fut chancelière seize années durant était aimée des citoyens allemands qui la surnommaient « Mutter » (mère). Et son successeur Olaf Scholz, auparavant son vice-chancelier, s'est voulu son héritier dans la sobriété, avant d'être confronté au retour de l'histoire et aux décisions tranchantes qu'elle impose, dans les domaines de l'énergie et du budget militaire. L'Allemagne, ce pays qui n'aime plus les chefs et qui, pour cette raison notamment, a tant contribué à la construction non-politique de l'Union européenne.

Car l'Allemagne a dominé l'Europe pendant la même période, par une stratégie d'influence plus que de puissance, en donnant à l'Union sa culture juridique et économique et en lui envoyant, des rouages au sommet, nombre de responsables, comme l'actuelle présidente de la Commission. Rigueur budgétaire (jusqu'à l'absurde), ouverture commerciale (jusqu'à la naïveté), précarisation du travail (jusqu'à la pauvreté) et faiblesse diplomatique et militaire sous parapluie américain (jusqu'à l'impuissance), sans oublier la dépendance au gaz russe... Il y a comme un devenir suisse dans le destin de l'Union européenne sous influence allemande : une communauté politique sans chef ni souveraineté véritables, qui a cru que le « doux commerce » et le droit, la « concurrence libre et non faussée » avec une monnaie unique, de « grandes régions » dans un État fédéral faible, permettraient de construire une union politique démocratique – au final si peu politique et pas toujours démocratique... L'Europe a tant souffert des chefs et de la passion idéologique dans le premier vingtième siècle que la réaction d'après-guerre fut de refroidir ce chaudron jugé mortifère, en le noyant dans l'eau plate de l'économie et du libre-échange, ou en l'endormant dans la grisaille des procédures, sous le regard pointilleux des juges. Faut-il s'étonner que les plus vieux États-nations, les plus politiques aussi, la France et la Grande-Bretagne, ait tant de mal à s'y adapter pour la première, et ait fini par la quitter pour la seconde ? Il y a un lien, souterrain mais solide, entre la volonté d'existence politique et l'importance du chef.

Neutraliser les conflits intérieurs par le consensus et s'effacer de la scène mondiale ou simplement régionale, ce syndrome suisse puis européen réduit certes la nécessité du leadership. Mais au prix d'une « sortie de l'histoire », ou plutôt, en la subissant. C'est ce qui nous arrive, de la pandémie à la guerre en Ukraine, avec la découverte un peu tardive de nos dépendances multiples. Se contenter de chefs sans prétention autre que celle d'être de bons gestionnaires n'a pas que des avantages, sous la fausse accalmie des passions idéologiques – lesquelles se réveillent bientôt avec les « populismes » et leurs démagogues, nouveaux hommes ou femmes « forts » de l'époque.

« De nos jours, on ne commande plus : on dirige, on manage, on ménage, on “coache” », écrivait encore Robert Damien. On perd dans le même temps toute vitalité politique et civique, et la lucidité avec, pour sombrer dans une médiocrité qui se révèle vite inconfortable. Nous y sommes. « Votre système est en péril parce que vous ne réussissez plus à exercer le pouvoir », lance comme un avertissement « le mage du Kremlin », ce personnage fascinant du roman éponyme de Giuliano da Empoli.

Qui l'exerce alors pour de bon, le pouvoir ? À l'autre bout du spectre, du minimum suisse au chef maximum, du gestionnaire « compétent » au chef militaire, de l'apprenti-manager à l'apprenti-dictateur, on trouve sur notre continent la Russie. L'éternelle Russie, meilleure productrice mondiale de despotes depuis des siècles ! Des tsars à Poutine, en passant par Staline et ses successeurs gérontocrates, on y opprime avec constance et on y tue en masse à intervalles réguliers. La « verticale du pouvoir » y est aujourd'hui théorisée au bénéfice d'un ancien espion du KGB. « Le pouvoir retournant à son origine primaire : le pur exercice de la force. Une statue de marbre qui d'une main protège, de l'autre menace », dit encore le mage du Kremlin... Nous sommes plus familiers des statues en toc.

Notre Europe obsédée par le retour du fascisme, qui s'est construite contre le totalitarisme et la guerre depuis 1945, croit le voir renaître, post- ou néo-, dans les victoires d'une droite populiste et identitaire, en Italie ou en Suède – en attendant la France ? Nous avons peut-être raté sa réplique du côté de l'Oural. Car c'est la « militarisation de la société » (E. Gentile) qui caractérise le fascisme historique, lequel tue ses opposants internes avant de s'attaquer à ses voisins, au nom du nationalisme exacerbé d'un pays « humilié ». Où est-elle plus présente aujourd'hui, cette militarisation, sinon à Moscou depuis une quinzaine d'années, dans le durcissement du régime poutinien ? Il manque certes à Poutine l'idéologie totalitaire d'un « homme nouveau » pour mériter l'épithète fasciste, d'autant que la société russe semble rétive à la mobilisation générale. Mais l'impérialisme, lui, est bien au rendez-vous. Nous étions persuadés que Poutine était un « souverainiste conservateur » qui voulait simplement faire respecter à nouveau sa nation négligée depuis la fin de l'Empire soviétique. À rebours de ce qu'anticipaient bien des spécialistes européens, Poutine s'est lancé avec rage dans cette guerre, comme poussé par une nécessité vitale, dont la rationalité échappe encore à beaucoup. « L'Empire du tsar naissait de la guerre et il était logique qu'à la fin il retournât à la guerre. C'était cela la base inébranlable de notre pouvoir, son vice originel », rappelle le mage du Kremlin. Poutine avait besoin de la guerre et peu importe si la Russie s'en remettra dans la douleur, pendant que l'Ukraine, avec un faux président-comédien sorti d'une série TV, mais devenu vrai chef de la résistance, aura trouvé un authentique sentiment national dans l'adversité.

Le chef et la guerre, cette vieille histoire qu'on croyait révolue ! Une histoire originelle pourtant, archaïque au sens précis du terme, c'est-à-dire qui resurgit du tréfonds de l'inconscient politique – parce que le vrai chef, au fond, c'est toujours le chef de guerre. Le tyran antique conquérait la cité au nom du peuple révolté contre l'oligarchie, avant de sombrer dans le bon plaisir et l'arbitraire, la cruauté et la peur. Ne parlons pas des empereurs romains avec leurs légions ! Et le roi très chrétien se devait d'être un grand capitaine, comme notre Louis XIV, roi soleil qui ne se contenta pas de faire Versailles et d'entretenir les Arts et les Lettres. L'État-nation européen qui se construit au XVIe et XVIIe siècles est un État qui centralise peu à peu l'autorité et tente de monopoliser l'impôt pour mener des guerres. Nos très français hommes providentiels, de Napoléon à de Gaulle, sont des militaires. La disparition de ces officiers supérieurs devenus « sauveurs » est d'ailleurs concomitante de la sécularisation du pays et du triomphe de l'économisme.

Mais nos présidents les plus contemporains ont voulu les uns après les autres, avec des succès très contestables, endosser le costume du chef de guerre : Sarkozy en Libye en 2011, Hollande au Mali puis en Syrie en 2013-2014, Macron au début d'une campagne présidentielle écrasée par l'invasion russe en Ukraine. Popularité assurée du président, du moins au début : c'est « l'effet drapeau » disent les politistes, qui voient l'opinion, dès que sonne un semblant de clairon, se grouper autour du chef, même quand il est mal-aimé (et les nôtres le sont toujours avec ardeur). Comme s'ils avaient tant besoin, nos leaders en manque d'autorité, de l'ancestral souffle guerrier, pour advenir pleinement chefs et paraître enfin meneurs de la nation, pas seulement comme des managers transitoires de l'entreprise France. Au point que c'est aussi le mot « guerre » qui leur vient à l'esprit, quand nous subissons des attentats de masse comme en 2015, ou une pandémie comme en 2020. Extension du vocabulaire guerrier, à mesure que la guerre se raréfie : la guerre était la « continuation de la politique par d'autres moyens » selon Clausewitz ; la politique se voudrait désormais guerrière quand les moyens du pouvoir viennent à manquer.

Il faudrait souligner, plus que ne le font les politistes, ces spasmes de fierté nationale en France, pays il est vrai au long passé militaire, quand au Mali, en Syrie ou en Libye, le chef lance nos armées pour terrasser ici le terrorisme, là un dictateur... On l'a déjà oublié mais cette fierté fut forte en 2011 comme en 2013. Celle du chef s'indexe sur sa fermeté retrouvée pour se transmettre au pays. Son autorité grandit, avec sa cote de popularité. Peu importe si nous partons du Mali dix ans plus tard, et sans gloire, ou si le renversement de Kadhafi a provoqué un chaos pire encore en Libye, avec quelques conséquences migratoires. Sous les applaudissements des commentateurs, habituellement si critiques, qui adoubent tout d'un coup le président mal-aimé d'un « le voilà enfin homme d'État ! », il y aura ce moment de fierté, où la grande nation est de retour, alors qu'elle se sent si souvent abaissée, amoindrie – hors coupes du monde de football...

Qu'un pays et ses chefs n'aient plus que des interventions militaires au bilan très ambivalent, des discours de fermeté d'après attentats meurtriers et des coupes de monde de foot réussies pour retrouver une fierté et renouer avec la popularité, c'est un peu court. Mais surtout significatif : les courbes de popularité présidentielle le montrent avec constance depuis Mitterrand et la première guerre du Golfe en 1991. Tout est bon pour l'estime de soi collective, celle de se sentir subitement un peuple qui vit en commun, bien plus qu'une collection d'individus munis d'un papier d'identité et d'une carte Vitale. Un peuple capable de gagner ou de résister, un pays qui se tient dans la peine ou se retrouve dans la liesse. L'individualisme et l'économisme contemporains n'ont en rien supprimé ce besoin du collectif, cette fonction vitale de la force du groupe que l'on redécouvre avec stupéfaction quand une équipe de foot arrive en finale devant près de 30 millions de téléspectateurs au moment des tirs au but (contre 15,6 seulement pour le débat de deuxième tour de l'élection présidentielle de 2022).

Mais il faut une incarnation à cette force. Mbappé plutôt que Macron ? C'est le second qui est venu chercher la lumière auprès du premier, après la finale perdue. La fierté d'un pays est en relation avec l'autorité du chef et sa légitimité. Il n'a échappé à personne que l'une comme l'autre étaient branlantes. Un chef faible ou arrogant, c'est comme être amputé de notre image collective, qui a besoin d'une figure charnelle pour prendre conscience d'elle-même. Les rites mémoriels des grands hommes n'y suffisent plus : ils permettent seulement un « c'était mieux avant », sans machine à remonter le temps. Quand on ne trouve plus cette fierté collective dans la politique établie, quand on n'arrive plus à s'y projeter ou à se reconnaître dans le chef, on va la chercher ailleurs. Dans le sport, ou bien en dehors du système.

Ces besoins récurrents d'autorité, quand ils ne dégénèrent pas en pulsions autoritaires et nationalistes, sont l'expression d'une collectivité nationale vivante. Le besoin d'« augmentation » de l'être collectif, la nation, a ses pathologies évidentes, mais il est consubstantiel à une communauté politique : on pourrait même dire qu'il la définit en tissant un lien historique et supra-individuel entre ses membres. Et avec des chefs successifs. Le chef, ce conducteur électrique de fierté et d'énergie collectives.

« Comme l'étymologie l'indique, écrivait Robert Damien, la finalité de l'autorité est l'augmentation de l'être à qui elle s'applique. Elle se définit par le service de l'autre qui accepte de reconnaître dans cette médiation, les moyens de sa propre élévation. » On a besoin de maîtres pour se passer de maîtres. Il y a très loin de cette autorité vitale, (à un individu comme à une nation), à l'autoritarisme qui en est plus qu'un dévoiement, une dénaturation profonde. Il s'agit d'être gouvernés, nullement tyrannisés, et La Boétie fait cette distinction décisive, qu'on tend à oublier, dès les premières pages de son *Discours sur la servitude volontaire*. « Le chef qualifie son charisme par la croissance des possibilités de celui qu'il dirige en le révélant à lui-même », poursuivait Damien. Ambition dont on mesure les difficultés actuelles, dès lors que nos chefs paraissent avoir oublié de quoi vit ou dépérit une nation.

Mais le peuvent-ils encore quand les institutions qui lui donnaient une tête sont verrouillées, quand l'âge global et numérique multiplie les menaces et change la hiérarchie des autorités ?

Tel est l'objet de notre enquête, sinon de notre quête.

Première partie

UNE QUERELLE FRANÇAISE

I

Une si vilaine tentation

« Deux choses menacent une société : le chef et l'absence de chef. Comme on se retourne dans son lit pour trouver la bonne position, on va et on vient entre ces deux inconvénients, chacun se présentant comme le remède de l'autre. Pour l'instant, chez nous, c'est l'éclipse qui fait souci. Elle peut donner de vilaines tentations. » C'est dans *Éclats de rire* que Régis Debray nous assène cette sentence un peu grinçante : la contradiction apparemment indépassable dans laquelle nous barbotons, entre un chef trop encombrant, qui concentre les pouvoirs, au point d'en abuser ou de dérailler, et une faiblesse du chef grosse de confusions et de désordres, dans laquelle le pays perd sa direction et néglige ses défis. Des illustrations extrêmes de cette alternative consternante, l'histoire de France en offre quelques-unes : du côté des inconvénients du chef, la dérive napoléonienne, avec la déroute et le tsar à Paris au bout de l'aventure ; mais quand le chef fait défaut, c'est la faillite de l'État, et la catastrophe précipitée par de mauvais choix, comme lors de deux événements emblématiques : la Révolution française où Louis XVI est absent quand il doit être présent et maladroit quand il est présent, et la défaite de 1940, où l'impuissance d'Édouard Daladier et d'Albert Lebrun fit écrire à de Gaulle, à propos de ce dernier : « Comme chef de l'État, deux choses lui avaient manqué : qu'il fût un chef ; qu'il y eût un État. »

L'ordre injuste d'un chef que son hubris égare, dans un cas ; l'effondrement dans l'impuissance ou l'indécision, dans l'autre. Polarisation dangereuse mais inévitable, nous dit l'ancien guérillero, devenu plus tard conseiller du prince Mitterrand. Il n'y aurait pas de « bon chef » possible, ce point d'équilibre où, empêché d'abuser par sa sagesse personnelle ou par les dispositifs institutionnels, le chef pourrait néanmoins décider et incarner, après délibération de ses concitoyens. Un chef démocratique, hors quelques parenthèses précaires, serait donc un idéal toujours remis à d'incertains lendemains qui chantent... En attendant nous naviguons entre les deux inconvénients des chefs, ceux qui s'y croient un peu trop et ceux qui ne s'y croient pas assez, entre les présomptueux et les faibles de nos horizons contemporains, démocratiques et libéraux – parfois présomptueux parce que faibles.

Debray souligne pourtant – nous sommes à l'automne 2021 quand paraît son petit ouvrage – que de nos jours, « c'est l'éclipse [du chef] qui fait souci ». Ici, nous sursautons ! Comment ? Un président français, élu au suffrage universel direct et qui décide de beaucoup, ne serait-ce pas justement un chef, comme on en trouve peu dans nos contrées occidentales ? Au bout du premier quinquennat d'Emmanuel Macron qui plus est, alors que nombre d'observateurs ont souligné la forte concentration du pouvoir dans les mains présidentielles, au paroxysme pendant la pandémie, quand les décisions se prenaient dans le secret d'un conseil de Défense avant que notre parlement soit convoqué dès potron-minet le lendemain, pour ratifier ? Est-ce bien sérieux de parler d'éclipse du chef, alors que c'est plutôt son omnipotence qui frappe, dans cet « exercice solitaire du pouvoir » que la Ve République facilite, surtout par temps de crise, qu'elle encourage même, puisqu'elle a été conçue en partie pour cela ? Emmanuel Macron a certes été réélu, certains ont dit « reconduit », faute de campagne et de concurrent à la hauteur, mais les électeurs aux législatives qui ont suivi, du moins ceux qui ont voté, n'ont pas voulu lui donner une majorité parlementaire absolue, comme pour mieux freiner ses ardeurs. Sans grand succès. Halte au chef ! Preuve donc qu'il y en avait un.

Debray l'a écrit ailleurs que dans ce livre : le chef, l'authentique, dispose d'une autorité d'une autre nature que l'autoritarisme technocratique ; il tire sa légitimité de son prestige et de son charisme, lesquels lui viennent d'être le délégué d'un « mot à majuscule » – la nation, le Prolétariat, la Chrétienté. Saint Louis, Lénine, de Gaulle étaient des chefs, parce que serviteurs d'idéaux au nom desquels ils combattaient. Notre monarque républicain d'aujourd'hui, à l'inverse, est nu à force de transparence et d'exposition, ce qui nuit au prestige, et s'il a encore une capacité de décision, il ne l'exerce qu'au nom de la nécessité, bien encadré par des normes et interdits de toutes sortes, juridiques, budgétaires, internationaux. Sans le secours d'une « grande querelle » en surplomb.

De nos jours, le chef est devenu un leader, sinon un manager de la nécessité. Ce n'est même plus un « petit chef », mais autre chose, d'à peine moins agaçant : un gestionnaire... Le petit chef était obtus et méchant ; le gestionnaire, lui, est compétent. Selon ses indicateurs et le code de procédures, il n'y a pas le choix. Efficace, peut-être, mais il n'élève plus le peuple de sa hauteur, il ne le galvanise plus. Il « gère au mieux », formule d'époque, coincé entre les contraintes, les crises, les marchés, les médias, les sondages et la prochaine élection. Bref, il se débrouille, le plus souvent sous les quolibets. Il peut être habile à cet exercice d'équilibriste, il y est rarement grand. Quant à nous, citoyens, nous en devenons petits, mesquins, parfois haineux, jouissant affreusement de mettre en dérision nos chefs à plumes successifs, locataires de l'Élysée que nous renvoyons chez eux à la première occasion, ou bien que nous privons du plein pouvoir, si nous sommes vraiment obligés de le réélire.

Le revers de cette *capitis deminutio*, de la réduction du Général de jadis en tableur Excel, c'est la tentation du coup de volant dans l'autre sens – lequel, on le sait, peut envoyer la voiture dans le fossé. La reconquête de la puissance perdue, le refus des cadres et des limites, au nom du peuple et du pays, tel est bien le soubassement des victoires de Trump en 2016 et de celle récente de Giorgia Meloni en Italie ; en France, de la percée de Zemmour pendant la campagne présidentielle, fût-elle éphémère – mais la croissance du lepénisme version Marine est constante depuis plus de dix ans. Tous ont dénoncé la trahison des dirigeants, l'abandon du peuple, le déclin du pays, sinon sa disparition programmée. Et chacun de ces apprentis-chefs de prendre le contre-pied des principes des démocraties libérales, de conspuer leurs contre-pouvoirs et leurs règles de droit pour retrouver, par l'entremise de leur charisme, la fierté et l'identité, sinon la puissance et la gloire. Virage à 180 degrés qui risque de faire passer de l'impuissance relative à l'arbitraire autoritaire, comme on l'a vu quand Trump a refusé le verdict des urnes et laissé quelques dangereux hurluberlus entrer au Capitole – des Brésiliens ont réédité l'exercice, ensuite. « Vilaine tentation », nous dit Debray. Oui, mais alors ?

Le règne des leaders et managers de « l'adaptation » à la globalisation et aux droits des individus, à la compétition comme à l'immigration, ces chantres du pragmatisme et de l'efficacité proclamée (plus souvent que constatée), ce règne porte donc en lui son contraire, par un classique mouvement de contradiction : une vague de réaction autoritaire, soulevée par des charismes hors système, au nom des perdants dudit « système ». Perdants ? Ceux qui sont ou se voient bientôt menacés dans leur niveau de vie ou leur mode de vie, dans leurs intérêts, leurs sécurités ou leurs identités, ce que les bons esprits appellent avec le nez pincé et un air épouvanté, le « populisme ». Les perdants occidentaux sont au mieux ignorés – ce sont des « invisibles » – ou plus souvent méprisés – ce sont des « déplorables ». Leur imaginaire est celui de la menace, que suscite la globalisation dans ses différentes dimensions. Couplé à l'impuissance (ou bien à la trahison ?) des gouvernants, voilà les ferments d'un retour espéré d'un chef sans scrupule, brutal s'il le faut, pour tenir et redresser. « Make America Great Again », « Impossible n'est pas français ».

Il nous faut donc nous débrouiller avec cette dialectique du chef, tour à tour dangereux et nécessiteux. Dialectique pas nouvelle : l'histoire politique française à partir de la Révolution, puis après 1848, est l'alternance de chefs autoritaires et de républiques sans têtes... Mais la Ve République avait trouvé sinon la solution, du moins un équilibre. D'abord héroïque et brutale jusqu'à la fin de la guerre d'Algérie, elle a permis qu'un système stable se mette en place à partir de 1962-1965, par l'instauration de l'élection directe du président. Système conforté par les successeurs de De Gaulle, de Pompidou à Mitterrand, dans une « synthèse de césarisme et de parlementarisme » (l'expression est de Gérard Grunberg) : un chef légitime parce qu'élu, des partis qui existent et sont représentatifs, une alternance possible et non déstabilisante, une forte participation des citoyens à la vie publique et électorale. Depuis une bonne quinzaine d'années, nous vivons une époque terme à terme symétrique de cette parenthèse d'équilibre (1965-2012). Elle ressemble fort à une crise de légitimité : chef mal élu, abstention montante, partis évanescents, et une alternance en forme de tout ou rien, entre un « système » décevant quand il n'est pas exaspérant, et un « hors système » inquiétant.

« Résister » à une « vilaine tentation » autoritaire, par un bulletin de vote de deuxième tour – assez fruste expression de la citoyenneté – est très insuffisant. Croire que l'on peut perdurer ainsi, de déception en échec, en se contentant de « faire barrage » au grand méchant « populisme », c'est accepter le risque grandissant qu'un beau matin, nous basculions dans le déclin irrémédiable, la perte définitive d'autorité de l'État, puis dans l'arbitraire des démagogues. Nous n'en sommes pas très loin.

Tel est le paradoxe actuel de nos démocraties, la française en particulier : les crises y poussent à la concentration des pouvoirs dans les mains d'un leader que les facilités des institutions, les « anti-pouvoirs » de l'âge numérique et les crises de l'âge global conduiront à se délégitimer. Voilà une illustration de plus de la « démocratie contre elle-même », selon la forte expression de Marcel Gauchet : la démocratie libérale provoque le besoin de chef contre le « gestionnisme d'adaptation » que pourtant elle secrète, dans une globalisation économique et juridique avec laquelle elle fait corps et qui multiplie les crises qu'on ne peut résoudre. Transformations numériques, pandémie accélérée, dérèglements climatiques, immigration peu contrôlable, inflation des prix de l'énergie ou de l'alimentation : la globalisation entraîne des peurs et des déclassements bien réels chez les peuples occidentaux, auxquels le modèle de leadership qu'elle a promu – Emmanuel Macron en est l'illustration française – ne peut répondre. Ce vaste mouvement libéral, initié dans les années 1980, dont le symbole heureux fut la chute du mur de Berlin, aboutit 25 ans plus tard à des démocraties impuissantes, clivées comme jamais entre « peuple » et « élites », dans la régression culturelle et le déclin économique. Avec en pendant, la dérive belliqueuse des autoritarismes turc, iranien (et bien sûr russe) sans parler de la dictature numérique chinoise.

Le chef national est ainsi le point de tension des forces mises en mouvement, crises globales, exigences médiatiques, contestations numériques, insécurités populaires, alors qu'il devait jadis être un protecteur. Et il en vient à osciller entre l'affaiblissement, prélude à sa défaite, et la tentation autoritaire, préface à sa dérive. Le destin des chefs est comme une loupe grossissante et prémonitoire sur celui des peuples : leurs échecs illustrent nos contradictions, nos impensés, nos aveuglements, comme ceux de l'Ancien régime avant la Révolution, ou de la IIIe République avant la grande catastrophe de 1940.

II

À l'origine de la querelle

Au commencement de la gauche est le refus de l'argument d'autorité ; au tréfonds de la droite, la reconnaissance d'un chef nécessaire sinon providentiel. L'histoire nous le dit, autant que les analyses conceptuelles. Le clivage gauche-droite a beau être relatif – les deux camps se définissent au fil du temps l'un en fonction de l'autre –, évolutif – ce qui était de gauche devient plus tard de droite, comme l'attachement à la nation, né à gauche avant de passer à l'autre bord, ou comme l'écologie qui a effectué le chemin inverse –, ce clivage n'en est pas pour autant vide de signification. Il n'est pas seulement une nécessité logique de la démocratie, parce qu'il faudrait toujours deux camps entre lesquels choisir, polarisation binaire que suscite la politique, manichéenne et polémique par nature. Quelques invariants de ce clivage traversent bel et bien les âges politiques depuis 1789 en France. Certes rares, mais repérables et décisifs. Et le rapport à l'autorité en est un, au même titre que l'égalité – d'ailleurs ils vont de pair.

Peu importe ici que la « tripartition » des gauches, des centres et des droites, avec ses « ni droite, ni gauche » et autres tentatives de dépassement, ait pu souvent dominer les résultats électoraux sous les IIIe et IVe Républiques, comme à nouveau aujourd'hui. La polarisation des idées et des passions se fait autour de la gauche et de la droite. Et dans l'histoire politique française, la légitimité de l'autorité fait office de clivage originel. Plus précisément encore, la question du pouvoir personnel du chef, sa nécessité et son étendue. Constante est l'opposition entre l'hostilité à gauche à l'égard du chef (sauf de certains des siens) et l'affirmation de sa nécessité et de son respect à droite (sauf quand il est de gauche).

De ce qui deviendra la gauche, vient en effet l'offensive historique contre le chef, dont le statut ne peut être un argument d'autorité. Se prévaloir d'un titre ou d'une supériorité naturelle pour décréter avoir raison et contester toute contestation, voilà l'inacceptable. Le roi, le père, le prêtre prétendent avoir la légitimité pour eux, les institutions qui en découlent aussi, avec leurs statuts intangibles : c'est la *tradition*. Il y aura certes une droite, aristocratique ou libérale, qui conspuera le chef abusif, après les parlements de l'Ancien régime – Chateaubriand ou Mme de Staël, face à Napoléon, en sont de beaux exemples. Mais c'est la gauche, après la Révolution, qui refuse le pouvoir d'une personne au seul motif qu'il le tiendrait de cette tradition qui s'enracine dans le droit divin et s'incarne dans la figure paternelle (sinon patriarcale). L'autorité, pour la gauche, c'est se faire obéir sans contrainte, après délibération collective, sans prétendre à une quelconque supériorité. Et cette délibération indispensable doit être « l'expression de la volonté générale », celle du peuple ou de la nation, par institutions interposées.

Ce refus d'un pouvoir de droit divin, avec sa hiérarchie immuable devant laquelle la nation devrait s'incliner, s'est matérialisé durant une discussion de la Constituante en août et septembre 1789. Il s'agissait de donner au monarque Louis XVI, qu'il n'était pas encore question de guillotiner, un pouvoir de veto, relatif ou absolu selon sa durée, aux votes de l'Assemblée devenue nationale. Était ainsi posée la question de l'institution royale et de ce qu'il devait demeurer de son pouvoir. Les adversaires du veto absolu se rangèrent à la gauche du bureau du président de l'Assemblée, les partisans du veto – donc du pouvoir royal – à sa droite, avec un dégradé de positions intermédiaires entre les deux. Les historiens datent de cette géographie parlementaire quelque peu arbitraire la naissance de notre fameux clivage gauche-droite. Invention française, à vocation universelle par conséquent ! De fait, la plupart des grandes démocraties l'ont plus ou moins reprise par la suite, alors que ni la révolution américaine ni l'anglaise (où les camps permutent au parlement en fonction du titulaire du pouvoir gouvernemental) n'avaient conçu une telle topographie politique.

Anecdote historique, fruit de circonstances et de manœuvres ? C'est ce que suggère Marcel Gauchet, le qualifiant de « faux départ » du clivage gauche-droite, dont il date l'enracinement dans les identités politiques un siècle plus tard, après l'affaire Dreyfus, quand les mots de droite et de gauche remplacèrent ceux de « républicains » et « conservateurs », puis de « rouges » et de « blancs ». La gauche et la droite, ce fut longtemps un clivage seulement parlementaire, souligne-t-il à juste titre, un clivage sans ancrage populaire. Soit pour les mots, mais pour la chose ? Car Marcel Gauchet nous donne à lire en même temps deux instructifs témoignages parlementaires de l'époque révolutionnaire, qui fondent le sens idéologique du clivage.

La première vient du journal *Le Moniteur*, dans son récit de l'été 1789 : « Soit effet du hasard, soit que l'identité de sentiment engageât *les amis du peuple* à se rapprocher entre eux et à s'éloigner de ceux qui ne partageaient pas leurs opinions, on s'aperçut qu'ils affectionnaient le côté gauche de la salle et qu'ils ne manquaient jamais de s'y réunir. » Les *amis du peuple*, on aura noté cette expression, sont donc du côté gauche, avec une certaine propension à la réunion (ce marqueur de gauche). Amis du peuple, ils ne le sont pas du roi : l'antinomie chef/peuple est là, à gauche, dès l'origine.

Mieux encore, le point de vue du Baron de Gauville, parlementaire « côté droit », lequel note dans ses souvenirs : « Nous commencions à nous reconnaître : ceux qui étaient *attachés à la religion et au roi* s'étaient cantonnés à la droite du président [de l'Assemblée], afin d'éviter les cris, les propos et les indécences qui se passaient dans la partie opposée. » *Attachés à la religion et au roi* : voilà deux mots décisifs, réunis pour un siècle ou presque pour définir les droites – le roi fût-il remplacé par un empereur et la droite « orléaniste » fût-elle hostile aux abus du chef… Mots décisifs qui en appellent d'autres, symétriques, à gauche.

Ainsi, au plus fort de la dictature du Comité de salut public, le 5 février 1794, Robespierre prononce un grand discours où il justifie la Terreur contre « les ennemis de la liberté ». Discours dans lequel il n'emploie pas le pronom

« je », comme si son autorité ne pouvait être personnelle. Devant l'assemblée (n'oublions pas que le suffrage universel a été proclamé en 1793, même s'il n'est pas appliqué), il assène cette opposition entre la démocratie et le chef solitaire, alors synonyme de roi : « La démocratie est un état où le peuple souverain, guidé par des lois qui sont son ouvrage, fait par lui-même tout ce qu'il peut bien faire, et par des délégués tout ce qu'il ne peut faire lui-même. » « Par des délégués » : non un homme, non un chef, mais plusieurs, c'est-à-dire des représentants plutôt que des gouvernants. Et des représentants disposant non d'une autorité personnelle, mais d'une délégation à titre dérogatoire, par le peuple, quand le peuple en personne ne peut l'exercer. Ce qu'on nomme toujours aujourd'hui « le pouvoir exécutif » n'a dans cette conception qu'un rôle en effet d'exécutant, sans pouvoir d'initiative : c'est un commis du peuple souverain. Du reste, ces délégués devront faire preuve de « vertu publique », cet « amour de l'égalité et des lois » précise-t-il. Car le contraire de cette vertu, « la faiblesse, les vices, les préjugés, sont le chemin de la royauté ». La vertu autorise, elle, « l'ascendant de la volonté générale de l'Assemblée et la *puissance indestructible de la raison* » (nous soulignons). Un roi ne tient ainsi son pouvoir, nous dit Robespierre, que de la faiblesse des mœurs et de la mollesse des intelligences. Une République, à l'inverse, repose sur la vertu et la raison des citoyens, contre le roi et la religion... La querelle de l'autorité, de la croyance et de l'obéissance est ainsi définie pour deux siècles, au milieu des indécences qui choquaient tant notre baron !

La « gauche », même si elle ne s'appelle pas encore ainsi hors de l'enceinte parlementaire, est donc libérale contre le Premier Empire et la Restauration puis devient républicaine contre la monarchie de Juillet et le Second Empire. Quant à la droite, avant que la loi de 1905 ne clarifie dans les turbulences les relations entre l'État et l'Église catholique, avant son ralliement progressif à la République dans les années qui suivent, malgré toutes les divergences et nuances qui la traversent, la droite se retrouve dans le respect du principe d'autorité et dans son incarnation par le pouvoir d'un seul, celui du chef, de droit divin pour les monarchistes, de légitimité « plébiscitaire » pour les bonapartistes. Elle s'accorde aussi, d'ailleurs, toutes tendances confondues, à laisser la société, son école en particulier, aux mains de l'Église. Les républicains – la gauche de l'époque – c'est l'inverse. Querelle du pouvoir, querelles religieuses, puis scolaire et sociale, qui s'encastrent à l'intérieur d'une opposition primordiale à l'autorité autoproclamée et à l'obéissance non consentie. Au nom de la raison et de la lutte contre les préjugés.

C'est pourquoi sous les IIIe et IVe Républiques, la gauche républicaine, enfin victorieuse après la crise du 16 mai 1877, fait du chef de l'État pourtant devenu « président » d'une République, un inaugurateur de chrysanthèmes. Privé de tout pouvoir véritable, hormis celui de l'influence et des voyages en province, son droit – décisif – de dissolution de la Chambre tombe en désuétude. Rien de plus éclairant pour en comprendre l'arrière-plan que les *Propos sur les pouvoirs*, recueil d'articles des années 1900 à 1920 du philosophe Alain, proche du parti radical-socialiste, alors central sous la IIIe République. Alain y exprime sa méfiance sinon sa détestation à l'égard de ceux qui se croient « nés pour commander », les « nés officiers » comme il les appelle (c'est un ancien combattant des tranchées) : ceux que « je reconnais de fort loin à un certain air de suffisance et de sécurité, comme s'ils étaient précédés d'une police invisible qui éloigne la canaille ». Belle critique de l'arrogance de ceux qui prétendent diriger par le mépris.

Mais ce ne sont pas seulement les « petits chefs » que notre philosophe du radicalisme abhorre. Ce sont les chefs tout court, les grands compris, car à ses yeux tout « chef est corrompu par le pouvoir ». Voilà l'idée essentielle : le pouvoir est intrinsèquement mauvais et corrupteur. « Au fond je suis assuré que tout chef sera un détestable tyran, si on le laisse faire », explique-t-il avant d'ajouter : « S'il y a au monde quelque organisation démocratique [...], tout y devrait marcher par des réunions d'égaux, où le chef n'est que secrétaire. » Voilà le chef réduit au rôle de secrétaire de séance, celui qui fait les comptes rendus ! C'est aller loin dans la méfiance, ou plus exactement dans le refus. Au nom de l'égalité.

Là est la source intellectuelle du rejet d'un président fort. La République triomphante tolère à peine un chef de substitution, au rabais, appelé « président du Conseil » – le premier ministre de l'époque. Elle le soumet à la collégialité et à une limitation de fait dans le temps. Un tel « chef » n'existe qu'à condition de ne pas se prendre pour tel. Les prérogatives de Matignon, et le lieu lui-même, ne s'institutionnalisent que dans les années 1930, après avoir été acceptées de façon transitoire pendant la Grande Guerre, nécessité militaire faisant loi, au bénéfice de Clemenceau. Mais la durée de vie gouvernementale est si courte sous ces deux républiques, qu'elle n'excédera guère les six mois. Six mois en moyenne de 1875 à 1958, outre les quatre années maudites de Vichy, soit 79 ans de république parlementaire sans chef autre que provisoire. Une instabilité gouvernementale qui fera renverser Léon Gambetta puis Jules Ferry, malgré l'arsenal de lois scolaires qui fondent toujours notre école publique, laïque et obligatoire ; qui fera refuser d'élire le « tigre » Clemenceau à l'Élysée après la victoire dont il est le père, de peur qu'il ne concentre trop de pouvoir ; qui fera encore rompre les alliances du Front populaire qui fondaient le gouvernement de Léon Blum, ou démissionner Pierre Mendès-France sous la IVe République, après qu'il eut mis fin à la guerre d'Indochine. Les meilleurs leaders de gauche des époques successives furent souvent les premières victimes de cette allergie au chef, réduits qu'ils étaient au bout de quelques mois soit à l'impuissance soit à la démission, par le « régime d'assemblée » qui s'était instauré. Nombre d'entre eux tentèrent de promouvoir des réformes gouvernementales pour renforcer la fonction de président du Conseil – sans succès déterminant. Ce régime que de Gaulle qualifia de « régime des partis » – les négociations partisanes y faisaient valser les présidents du Conseil – fut jugé, logiquement, responsable de l'incapacité du pays à contrer la montée de l'Allemagne nazie dans les années 1930, puis à décoloniser l'Algérie après 1954. Une instabilité chronique qui fut le meilleur argument de la Ve République en 1958 où enfin un chef était donné à l'État, « clef de voûte des institutions », lesquelles furent plébiscitées par 80 % des citoyens par référendum.

C'était aussi la défaite de notre première tradition républicaine, venue de la gauche.

Ainsi naissait cette « monarchie républicaine », et bientôt ce césarisme parlementarisé, synthèse improbable de l'Ancien régime et de la Révolution, d'un régime parlementaire et présidentiel, défiant les catégories des constitutionnalistes, mais donnant enfin une tête légitime à la France.

C'est un réactionnaire grand style qui résumera à ce stade notre propos. Il s'agit de Joseph de Maistre, contemporain exilé et premier critique de la Révolution française à laquelle il trouvait « un caractère satanique » : « En affranchissant le peuple du joug de l'obéissance [...], elle déchaîne l'orgueil général contre l'autorité, et met la discussion à la place de l'obéissance. »

« Elle » ? La Révolution française ? La gauche ? Non mais c'est tout comme : il s'agit de l'hérésie du XVIe siècle, la Réforme protestante, que notre réactionnaire, il n'est d'ailleurs pas le seul, perçoit comme inspiration de notre Révolution. C'est l'éthique du protestantisme, selon lui, qui explique l'esprit de la Révolution française. Parce qu'elle a préparé l'affranchissement du peuple du « joug de l'obéissance » des autorités royales et catholiques, qu'elle mine par l'examen personnel et rationnel. De Maistre décèle chez ce qui n'est pas encore « la gauche », mais qui devra tant à la culture protestante, jusqu'à Rocard et Jospin, cette volonté de mettre la *discussion*, au nom de la raison, à la place de l'obéissance. *Orgueil démesuré*, dit ce catholique fervent, c'est-à-dire péché mortel qui ruine les fondements de l'autorité. On croirait entendre quelques modernes réactionnaires à propos des effets de mai 1968…

Et de Maistre, cette fois dans ses *Considérations sur la France* consacrées à la Révolution, de faire appel à la notion d'« homme providentiel », si chère à l'âme de droite alors qu'elle fait si peur à celle de gauche : « Lorsque la Providence a décrété la formation plus rapide d'une constitution politique, il paraît un homme revêtu d'une puissance indéfinissable : *il parle et il se fait obéir* […]. Ces législateurs, même avec leur puissance extraordinaire […] ne s'exécutent qu'au nom de la Divinité. »

L'homme providentiel, ce chef idéal, est donc un lieutenant de Dieu. Où l'on voit que chef, croyance, hiérarchie et obéissance vont de pair et que chacun de ces termes aura été contesté par les gauches depuis le début de leur histoire : « Il n'est pas de sauveur suprême », chantera *L'Internationale* un siècle plus tard. Être de gauche en France, ce fut pendant près de deux siècles (et c'est à nouveau le cas depuis la fin du quinquennat Hollande, président socialiste mis en échec par des frondeurs parlementaires), refuser le chef solitaire, qu'il soit empereur ou roi. Mais aussi empêcher tout ego surdimensionné, fût-il républicain, de décider seul et d'entretenir un rapport direct avec le peuple, pour lui opposer la délibération collective d'une assemblée ou d'un parti. Le pouvoir personnel, voilà l'ennemi historique de la gauche, autant que l'était le cléricalisme, et pour des raisons liées.

III

De l'homme providentiel à l'élu légitime

Il y a un léger inconvénient à cette compulsion de gauche de couper les têtes qui dépassent – y compris les siennes, on l'a vu –, et à ignorer ainsi les soubassements de la « raison du chef » : la quête symétrique et non moins compulsive, pendant longtemps dans notre pays, de « l'homme providentiel ». Le « sauveur », avec sa mystique empreinte de religiosité, puis sa dérive autoritaire... La séduction récurrente qu'exerce ce modèle « césariste » sur le peuple français était décourageante pour le vieux républicain du XIXe siècle qui s'en remettait à l'école publique pour enfin « faire des républicains ». Mais elle le reste pour l'homme de gauche d'aujourd'hui, qui comprend si mal la nécessité de l'élection présidentielle directe et sa source, au point de rêver de la supprimer ou de l'amoindrir.

Bonaparte inaugura la série providentielle, sauvant la Révolution, grand capitaine mais aussi grand législateur, inventant comme moyens de gouvernement le préfet, le plébiscite et la propagande – qu'on pense à ces bulletins de la Grande Armée qui voyaient dans le froid la seule explication à la retraite de 1812. Avant de sombrer dans l'hubris en Espagne puis en Russie.

Malgré le désastre final, la légende et le mythe seront plus forts, surtout quand les pouvoirs suivants seront médiocres ou faibles et qu'il faudra remettre de l'ordre dans le pays, ou lui redonner une fierté. La France, « grande nation » européenne, la plus peuplée et la plus riche à l'époque rappelons-le, est à la fois profondément catholique – et la religiosité a partie liée avec la croyance au charisme (« don de grâce divine ») de l'homme envoyé par la Providence –, et profondément militaire et guerrière, depuis au moins Jeanne d'Arc. De Gaulle dira à Malraux, (ou Malraux lui fera dire), dans *Les Chênes qu'on abat*, que « Napoléon était avec moi à Londres en 1940, pour dire aux Français qu'ils valaient mieux que ça ». Le mythe du sauveur persiste dans la mémoire nationale comme fierté donnée à un peuple, comme dépassement de ce même peuple, comme élévation au-dessus de ce dont il se croyait capable. « Je fais mes plans avec les rêves de mes soldats » ! Le mythe bonapartiste souffre peu d'avoir par deux fois amené l'ennemi à Paris, une fois les Russes, une fois les Allemands avec Napoléon III.

De fait, le cycle normal de la vie politique française, jusqu'en 1958, que Michel Winock analyse à travers nos « fièvres hexagonales » est une drôle de valse à trois temps : 1) divisions et impuissance, 2) crises sous forme de révolution ou de guerre, 3) appel au sauveur et coup d'État, explicite ou déguisé, de Napoléon Ier à de Gaulle, en passant par des figures bien moins nobles...

L'homme providentiel est donc d'abord un militaire, ou en a l'allure : en témoignent les 22 ans, pas moins, de pouvoir du neveu napoléonien, Napoléon III, qui a joué à plein du mythe de son oncle dans le désordre de la révolution de 1848, usant ensuite des mêmes moyens de gouvernement pour finir dans le même désastre, cette fois à Sedan. Boulanger sera, dans les années 1880, un présomptueux « général Revanche » après la défaite de 1870, mais la République a tremblé devant cet homme providentiel surgi moins de 10 ans après son triomphe, alors que l'idée d'une restauration monarchique avait vécu. Clemenceau remplira la fonction pendant la Grande Guerre, mais la République pliera devant le militaire suivant : le « vainqueur de Verdun », mythe là aussi plus fort que la réalité, au prestige immense dans la détresse de juin 1940. Cette fois-ci, la République se sabordera elle-même pour permettre à Pétain et à sa clique de se saisir en toute inconstitutionnalité des pleins pouvoirs. Avant que son rival de Londres ne prenne la suite à l'été 1944.

On a souvent comparé les photos de places de grandes villes françaises, accueillant une foule aussi dense, à quelques mois d'écart en 1944, pour la venue du Maréchal puis du Général. D'un militaire l'autre ! Mais il faudra encore quatorze ans à de Gaulle – et la crise ouverte par la guerre d'Algérie –, pour vaincre la tradition républicaine première manière et sa classe politique parlementaire, et en instaurer une autre, bien plus gouvernante que représentative, en jouant très habilement de la menace de putsch de l'armée.

À chaque fois un militaire et une incapacité de la République à assurer la stabilité, la fierté ou la sécurité du pays – à être protectrice, faute de chef adéquat. Et à chaque fois le même rejet, profond dans l'opinion, de la politique assimilée à la discussion stérile, au compromis bâtard, caricature de la délibération collective promue par la gauche.

Pour preuve l'ode au Maréchal Pétain, que le grand Paul Claudel écrivit en 1941 (avant de se rendre compte plus tard de son erreur) : « France, écoute ce vieil homme qui se penche et *parle comme un père* / Filles de Saint Louis, écoute-le ! / Et dis, *en as-tu assez maintenant de la politique* ? » La politique (et la démocratie avec elle), cette grande coupable qui divise la nation et l'empêche d'entendre la voix du père… Pour preuve aussi, dans un autre style – bien meilleur à notre goût –, celui de Malraux dans l'entre-deux tours de la présidentielle de 1965. De Gaulle a été mis en ballottage, à sa stupéfaction, par un ancien ministre de la IVe République, un certain François Mitterrand, qui a eu l'intelligence stratégique de devenir le candidat unique de la gauche face à la statue du Commandeur, quand peu voulaient s'y frotter… Malraux vient de la gauche antifasciste des années 1930, il a été proche du Front populaire (dont il put voir l'échec de près) et de la République espagnole pour laquelle il se battit contre Franco. On s'en souvient, il est devenu le prestigieux ministre de la Culture de De Gaulle en 1959 – il est son compagnon de route depuis 1944. Et le voilà qui attaque l'impudent Mitterrand au Palais des Sports, le 15 décembre 1965, en exprimant avec force l'esprit originel de la Ve République gaullienne : « Je n'ai rien contre les politiciens… En gros, ils forment depuis des siècles un club des négociateurs. […] C'est une réalité historique profonde que j'appellerai *le compromis comme moyen naturel de gouvernement*. Lorsqu'avant la guerre de 1940, il fallut concilier les défenseurs des divisions cuirassées et ceux des armes traditionnelles, on mit un demi-soldat dans un demi-char, et le résultat ne se fit pas attendre. Cette conception du gouvernement n'a jamais résisté au danger de la patrie. [...] Le génie du politicien, c'est de contourner l'obstacle. » Voilà les conciliateurs parlementaires et la gauche politique, opposés à l'homme de l'Histoire, habillés par l'ancien révolutionnaire d'avant-guerre... De Gaulle ne gagnera cependant que par 55 %, contre ledit politicien : la gauche s'est réveillée pour contester le chef solitaire, fût-il l'homme du 18 juin, mais en trouvant bel et bien un *leader*, qui lui permettra d'exercer le pouvoir, 16 ans plus tard.

La méfiance à l'égard de la délibération, des divisions partisanes, le rejet des querelles et combinaisons, de ce qu'on appelle au fond le régime parlementaire, sont bien mieux argumentés chez le gaulliste Malraux que chez le réactionnaire Claudel. Mais il y a une idée commune : l'absence de capacité de décision, quand le chef est enlisé dans les « discussions » et le pays est alors menacé. La politique parlementaire, ce sont des combinaisons qui ne décident de rien. Dont les compromis sont néfastes : il faut trancher, surtout en période crise, et seul le chef investi d'une confiance populaire – plébiscité –, a le sens de la patrie ou de l'intérêt général : voilà le ressort *politique* du modèle césariste, dont le ressort *spirituel* est de faire confiance à un chef charismatique, quelque peu fabuleux.

Que se passe-t-il quand il n'y a plus d'homme fabuleux à portée de main, quand l'époque est à la paix, même armée, et que vient le temps du commerce extérieur et du pouvoir d'achat – ce que de Gaulle appelait « les pantoufles » ? De Gaulle, justement, avait trouvé un substitut : rehausser le futur chef, sans forte légitimité historique, tous les 7 ans, par une élection populaire directe. La présidentielle, c'est le rite sacral du chef quand il n'y a plus de charisme ancienne manière à disposition : l'onction populaire agrandit en chef d'État le « politicien au rencart » et lui offre une autorité supra-personnelle. De Gaulle a remplacé l'attente de l'homme providentiel par celle d'un nouvel élu ; il a fait du vote populaire une providence moderne, celle des temps démocratiques et séculiers. Et résolu de façon démocratique, la contradiction française entre le désir d'homme providentiel, avec ses coups d'État éventuels, et le désir de République, avec son impuissance potentielle. Peu l'ont compris à l'époque, sauf peut-être son adversaire, François Mitterrand.

On a dit qu'il avait créé un costume trop grand pour ses successeurs – certains en ont pourtant bien pris la mesure, à commencer par ce même Mitterrand. Mais il voulait les obliger à s'agrandir, si d'aventure ils n'étaient pas de taille… De Gaulle pensait les soustraire à l'emprise des partis politiques et du parlement, qu'il ne croyait pas capables, dans notre pays, de susciter ni de stabiliser une autorité. En France, on n'a plus d'homme providentiel mais on a une élection présidentielle. Question : remplit-elle encore ce rôle, ou plus exactement, pourquoi ne le remplit-elle plus aussi bien ? La cause à nos yeux n'est pas seulement institutionnelle – le quinquennat – elle est tout aussi politique et idéologique, on va bientôt le voir.

L'opposition de la gauche à un pouvoir personnel fort s'est perpétuée jusqu'à l'élection de François Mitterrand en mai 1981, laquelle suscita une acceptation de fait des institutions de la Ve République quatorze ans durant. Mais de fait seulement. C'est si vrai que le mirage d'une suppression ou d'une réforme de cette élection, celle qui suscite pourtant le plus de participation des citoyens et fonde la légitimité du chef, revient bien vite comme une obsession dans les songes de la gauche dès les années 2000. Suppression ou bien, à défaut, affaiblissement de cette élection, par l'inversion du calendrier électoral, avec des législatives qui précéderaient (et orienteraient) la présidentielle ; ou bien par un renforcement des pouvoirs du premier ministre au détriment de ceux du président. La VIe République promise par J.-L. Mélenchon se veut parlementaire, bien que sa pratique de leader de son parti le soit fort peu, et il ne fut question pendant les législatives de 2022 que de soumettre Emmanuel Macron, pour mieux élire Mélenchon premier ministre. Christiane Taubira, lors de sa candidature (avortée) le samedi 15 janvier 2022 à Lyon, eut cette phrase révélatrice : « Nous sommes trop éduqués, trop cultivés, trop actifs pour nous accommoder plus longtemps encore d'un possible usage des institutions comme instrument d'un pouvoir personnel. » Où l'on retrouve plus de deux siècles après, ce lien entre la raison des citoyens et le refus d'un monarque, fût-il élu par une majorité de votants.

La gauche a oublié la leçon de Mitterrand, au point parfois de le renier, parce que sa stratégie et ses choix des années 1970 et 1980 contredisent beaucoup de ce qu'elle croit et fait aujourd'hui : la conquête du pouvoir passe par l'élection d'un président ayant une forte assise populaire et l'exercice du pouvoir suppose l'autorité d'un chef.

Car le XXe siècle a été le « siècle des chefs » selon l'expression d'Yves Cohen – souvent dictateurs. Mais dans les démocraties libérales, la victoire du pouvoir exécutif sur le législatif a aussi permis à son incarnation, qu'il soit président ou chef de gouvernement selon les types de régime, de dominer la scène politique – bien aidée par la naissance de la télévision. L'extension continue du rôle de l'État dès le début du XXe siècle, d'abord l'État administratif puis interventionniste, enfin l'État-providence ; le fait majoritaire dans les coalitions partisanes, par nécessité politique ou par mode de scrutin, afin de disposer d'une majorité stable au parlement ; le gros plan de la télévision sur l'expression personnelle pendant des discours ou interviews : tout a concouru à renforcer le chef partout dans les démocraties, fussent-elles parlementaires, et c'est une illusion de croire que cette personnalisation disparaîtrait par réforme constitutionnelle. Elle est dans la nature d'une démocratie qui fonctionne désormais à l'image et à l'intervention étatique, où la séparation des pouvoirs a changé de sens sinon de nature. Ce ne sont plus les relations entre exécutif et parlement qui déterminent en premier lieu le système politique ; ce sont les modalités et nécessités de la médiatisation et des interventions de l'État, face aux nouveaux contre-pouvoirs qui ont surgi.

Le mécanisme en est limpide : le chef du parti majoritaire chez les électeurs devient le chef de l'exécutif qui, sous le regard des caméras, décide de politiques publiques soutenues par sa majorité au parlement, dans des domaines de plus en plus étendus. Victoire de la démocratie gouvernante sur la démocratie représentative, pour le dire dans les termes de l'historien Nicolas Roussellier, qui en France est passée, compte tenu de notre histoire dialectique de l'autorité entre la gauche et la droite, par la Ve République et l'élection présidentielle. Institutions qui ont intégré ensuite les nouveaux rapports de pouvoir entre exécutif, parlement, judiciaire et médiatique que l'on observe dans la plupart les démocraties dites libérales, à des degrés divers. Et victoire aussi – pour le meilleur ou pour le pire – de la vidéosphère avec son image-son, sur la graphosphère et son primat de l'imprimé, pour reprendre les termes de Régis Debray.

Et pourtant notre système français de leadership s'est bien déréglé ! Nul ne semble trop s'en inquiéter mais notre élection majeure voit désormais son taux de participation diminuer régulièrement au premier tour : 72,1 % d'exprimés en 2022 contre 83,7 % en 2007, plus de 10 points de participation perdus en une quinzaine d'années. Et plus encore au second, avec deux tiers des inscrits seulement qui daignent choisir un chef de l'État, pour la deuxième fois consécutive, alors qu'ils étaient près de 84 % en 2007 à départager Nicolas Sarkozy et Ségolène Royal. Baisse qui témoigne, chacun l'a compris, sauf peut-être l'élu, d'une élection transformée en scrutin de rejet, plus que d'adhésion, où ce sont les mobilisations et les émotions négatives qui dominent. Au moment où l'abstention dépasse les 50 % aux législatives qui suivent (et les 60 % aux élections locales).

Croire que ce sont là de menus accidents de l'histoire, dus à la présence provisoire de Mme Le Pen ou de M. Macron, avant retour à la normale d'une gauche et d'une droite alternantes, est d'un grand optimisme. Optimisme qui ignore en fait les transformations silencieuses du pays et de sa politique. Cette présence embarrassante mais répétée de Marine Le Pen au second tour, sur laquelle comptent ses adversaires pour remporter une victoire pas trop difficile, n'a en effet rien d'un accident : elle est la résultante de présidents successifs qui ont jugé qu'une partie croissante de l'électorat populaire et des classes moyennes pouvait bien entrer en sécession politique, par un vote « populiste » ou par l'abstention, cela ne devait pas gêner, ni même infléchir le cours de leur exercice du pouvoir et des politiques menées. Il suffisait pendant la campagne suivante, pour gagner, de disqualifier ces « déplorables » et d'agiter le spectre de la catastrophe. Ces chefs successifs ont de fait renoncé à rassembler et à avoir une légitimité populaire durable. Le défaut de nos institutions est de les y autoriser, sinon de les y encourager.

Deuxième partie

MANAGER-URGENTISTE, LE NOUVEAU DESTIN PRÉSIDENTIEL

Il y a une dizaine d'années, un rendez-vous à l'Élysée avec un conseiller du président était d'une grande simplicité : une voiture de fonction pouvait encore vous déposer devant le 55 de la rue du Faubourg-Saint-Honoré et la carte professionnelle tricolore rassurait le gendarme qui ouvrait la porte ; celui-ci prévenait le conseiller, avant de vous accompagner vers un salon d'attente.

Dix ans plus tard, l'Élysée est un palais bunkérisé : de véritables clôtures, hérissées d'objets coupants, ferment de part en part une rue élyséenne devenue triste *no man's land*. Comme si on attendait un assaut imminent. Madame de Pompadour, à qui Louis XV avait offert cet hôtel particulier pour y trouver une sensuelle sérénité, serait fort surprise de voir la vertueuse République aussi anxieuse. Le peuple serait-il à ce point en colère ? Ou bien de dangereux léninistes roderaient-ils dans le 8e arrondissement, pour mieux prendre le Palais par surprise, à moins que ce ne soient des chemises noires ? Le moindre déplacement présidentiel, y compris dans un lieu parisien bien contrôlable, est désormais affaire de sécurité, le chef de l'État étant précédé par une escouade de policiers en civil, avec oreillette et carrure imposante, pour repérer et neutraliser au plus vite le psychopathe, le terroriste, ou bien le contestataire. Un ministre de l'Intérieur qui sort d'un studio de télévision n'est pas moins entouré. Fini le temps de l'insouciance où une personnalité d'importance pouvait prendre le train avec un seul officier de sécurité, détendu.

Bien sûr les attentats de 2015-2016 sont passés par là, mais surtout les Gilets jaunes, et quelques manifs contre des réformes des retraites… On se souvient de ces jours de décembre 2018 où le pouvoir a tremblé, où la haine était palpable. Avant, un président en déplacement marchait avec un ou deux conseillers en charge du dossier du jour, à côté des officiels, la sécurité restant discrète ; désormais lesdits conseillers sont comme noyés dans l'essaim des gardes du roi, élu mais détesté.

Nous sommes entrés dans l'ère des chefs hyper protégés. Serait-ce là ce « nouveau monde » de la politique, celui où des élus locaux sont par ailleurs agressés ? Ancien et nouveau mondes : ces termes avaient en 2017 un tout autre sens ; ils signifiaient l'émergence d'un âge politique apaisé, la fin d'archaïques conflits, le dépassement de notre vieux système partisan, incapable de réformer le pays. Ces mots voulaient saluer un président élu à moins de quarante ans, inconnu trois ans plus tôt. Or si la politique n'est plus en effet ce qu'elle était, c'est sa dévaluation accélérée qui est frappante dans le nouveau monde, au point de susciter autant le mépris que la détestation.

Ce changement d'époque brutal, chacun l'a éprouvé : les repères politiques se sont brouillés, les références historiques et idéologiques se sont usées, comme de vieux bijoux de famille démodés, sans valeur sur le marché. La Ve République n'est plus dans la Ve, le président ne connaît plus d'état de grâce, les vocations d'élus se tarissent, la politique est jugée dérisoire quand elle n'est pas rejetée.

À vrai dire, l'élection d'Emmanuel Macron en 2017 est bien plus une conséquence qu'une cause. Une résultante qui cristallise une rupture, plutôt que son origine. La vraie date des commencements, selon nous, c'est 2007. Pas tant du fait de la personnalité de Nicolas Sarkozy, élu cette année-là – sauf sur un point, l'exposition de la vie privée symptôme d'un prestige présidentiel en mutation. Mais se concentre autour de 2007 un changement profond d'écosystème, à la fois institutionnel, avec la pleine application du quinquennat, global avec la succession accélérée de crises majeures de la mondialisation, et enfin techno-culturel avec un bouleversement dans l'information et l'expression des citoyens – ce qu'il est convenu d'appeler la révolution numérique. Trois changements majeurs, très exactement concomitants, qui déploient leurs effets deux décennies durant.

Ce changement d'écosystème a déconstruit le chef de l'État à la française pour le transformer en manager de proximité, obligé de jouer les urgentistes sous les quolibets. Les tempéraments comme les orientations politiques de Nicolas Sarkozy, François Hollande et Emmanuel Macron ont beau avoir différé, ils ont chacun été pris dans ce piège qui conditionne les mandats présidentiels, change les priorités, transforme la relation entre le chef et le peuple.

Cela demande quelques explications. Examinons d'abord, pour mesurer l'ampleur du tournant, les attentes des Français à l'égard de la fonction présidentielle.

IV

Un président de crise en continu

Nos concitoyens sont peut-être plus réalistes que nombre de commentateurs quant au lien « postmoderne » qui désormais se noue entre eux et l'édile national. Quel que soit le locataire de l'Élysée, conseil lui est encore souvent donné de prendre de la hauteur, de ne pas trop s'exposer pour conserver sa crédibilité et sa popularité. Or une majorité de sondés (57,6 %), révèle une enquête de la Fondation Jean Jaurès et du CEVIPOF durant la dernière campagne présidentielle [1], souhaite à l'inverse un président « chef de gouvernement, très présent et actif en politique intérieure ». 42,3 % seulement préféreraient un président « chef d'État, qui fixe les orientations et arbitre mais reste au-dessus de la mêlée ». Ce modèle de « président arbitre » suscite encore une adhésion qui, pour être minoritaire, est loin d'être négligeable. On sent

1. Ce chapitre est une version développée et modifiée d'une note publiée avec Martial Foucault pour le CEVIPOF et la Fondation Jean Jaurès : « Les Français veulent une présidence omniprésente », 9 mars 2022.

les Français partagés, entre une nostalgie « gaullo-mitterrandienne » d'un président en majesté et la réalité d'un autre modèle, celui d'un manager de proximité de l'entreprise France, mais dont une majorité de nos concitoyens voudrait qu'il soit surtout l'urgentiste en chef de la société.

C'est bien l'attente d'un « super premier ministre » selon l'expression consacrée, proche des préoccupations des citoyens et attentif à leur réalité quotidienne, que souhaite l'opinion majoritaire au beau milieu de la dernière campagne présidentielle, plus que celle d'un président visionnaire. À rebours des discours politiques les plus courants qui préconisent, version de droite, un retour à l'esprit de la Ve République avec un président « arbitre », version de gauche, un plus grand pouvoir du premier ministre au détriment de celui du président.

Cette demande d'un président « les mains dans le cambouis » domine dans presque toutes les catégories sociodémographiques. Les plus de 70 ans (mais à 55 % seulement) préfèrent certes encore un chef d'État « à la française » si l'on peut dire. Les cadres supérieurs aussi, (59 %) comme les bac+5 et les revenus au-dessus de 5 000 euros mensuels. Plus on est intégré et reconnu socialement, plus on aimerait un président des hauteurs, indépendamment de ses préférences politiques.

Cependant même dans ce « haut » de la société, la demande d'un président très actif, recentré sur la « politique intérieure » est au-dessus de 40 %. Ailleurs, elle l'emporte largement : chez les femmes (65 %), les moins de 35 ans (68 %), les ouvriers et les employés (68 %). Moins on est diplômé, moins on est aisé et plus on est jeune (et moins on est « politisé »), plus on veut un décideur très présent. Comme si la demande de politiques publiques ne pouvait passer que par lui. Parmi ceux qui se jugent « en bas » de la société, 65 % veulent un président très engagé dans le quotidien, c'est 58 % pour ceux qui se jugent « au milieu » et tout de même 48 % chez ceux qui se jugent plutôt au « sommet ».

L'attente gagne ainsi toutes les strates de la société, des moins aisées jusqu'à la moitié des plus favorisées et la tendance est constante depuis plus d'une vingtaine d'années. Trois explications se combinent pour éclairer cette métamorphose du président français.

D'abord le quinquennat, qui moule à la longue les opinions et les attentes sur la logique institutionnelle. Soulignons ici que le quinquennat est critiqué pour sa rupture avec la présidence « gaullo-mitterrandienne »[1]. « Tant mieux », semble dire une majorité des citoyens, pour qui l'action publique ne peut attendre. Les fins de mois importeraient-elles plus que la durée d'un mandat présidentiel et les politiques de long terme ?

Il faut dire, deuxième explication, que l'accumulation de crises graves et durables, au cours de la même période, crises qui s'emballent avec l'interconnexion du monde – financière, économique, budgétaire, terroriste, sanitaire, migratoire, énergétique ou géopolitique –, cette accumulation, donc, a renforcé de façon mécanique l'importance du court terme. Niveau de vie, mode de vie et même espérance de vie en sont immédiatement

1. Le chapitre suivant est consacré à la question du quinquennat et de ses effets.

modifiés. Voilà longtemps que l'on constate, pour souvent le dénoncer, le « présentisme » sans perspective de notre époque, sinon un culte mémoriel obsédant. Les crises successives l'accentuent, l'accélèrent, en écrasant un peu plus le passé sacralisé et en raccourcissant encore l'avenir inquiétant.

De fait, ces quinze dernières années, les interventions solennelles de nos chefs, souvent en urgence, ont scandé leurs mandats à l'occasion de ces crises répétées. Sarkozy et la crise financière, Hollande et la crise terroriste, Macron et les Gilets jaunes, puis la pandémie, puis l'inflation et des guerres entrecoupées d'« émeutes ». Les crises que nos présidents (et nous avec) ont dû affronter, est-ce ce qui restera de leurs mandats quand tout sera oublié de leurs réformes ? Elles ont bien contribué, en tout cas, à l'hyperpersonnalisation de notre régime politique, comme à la concentration des décisions à l'Élysée. À une époque de crise, il faut des présidents de crise. C'est-à-dire omniprésents, n'ayant plus le luxe de se retirer trop longtemps sur l'Aventin en laissant le premier ministre (ce fusible qui n'en est plus vraiment un), gérer un quotidien devenu instable : l'incertitude et l'urgence, le dérèglement de ce qu'on croyait bien établi, deviennent les normes de l'actualité, et partant de l'action publique dont le président est directement responsable. « Un chef, c'est fait pour cheffer », oui, et d'abord dans les crises !

Raccourcissement du temps institutionnel, accumulation et accélération des crises donc, mais aussi amplification de l'exposition présidentielle : la transformation numérique de nos moyens et rythmes d'information braque encore plus les projecteurs sur le seul président, en dehors même des périodes de crise. Au détriment de son gouvernement et de son chef, devenu simple « collaborateur ». Tout passe ou revient à la parole présidentielle et lui seul, dès lors, prend la lumière. La personnalisation de notre système politique en est encore démultipliée, quand le président parle tout le temps, presque à tout propos. Jacques Pilhan, *spin doctor* de Mitterrand puis de Chirac, avait théorisé la nécessité d'une rareté jupitérienne de la présence présidentielle : la retenue de sa parole devait en attiser le désir pour mieux foudroyer ensuite l'espace public. Cette rareté, chacun l'a noté, appartient au passé : nous voilà avec une présidence en continu, comme les chaînes d'info du même nom. Emmanuel Macron en est la meilleure illustration, lui qui voulait revenir à une présidence distante, en surplomb, moins « bavarde », mais qui a dû se muer en manager omniprésent. Même retranché derrière son gouvernement le temps d'une réforme impopulaire, comme celle des retraites, nul n'ignore qui est le décideur, dans une ombre très relative.

Quel que soit le poids respectif et surtout cumulatif des trois facteurs que nous venons d'égrener – quinquennat, crises globales, hypermédiatisation de l'âge numérique – ils signent un changement d'époque dans la nature du leadership politique français. Chacun de ces facteurs a poussé dans le même sens, durant les deux mêmes décennies : celui d'une présidence dans une relation étroite et obsédante – positive ou négative, fascinée ou répulsive – avec les Français. L'évolution institutionnelle, les crises de l'époque et nos nouvelles liturgies de l'info renvoient ainsi la présidence gaullo-mitterrandienne à une nostalgie, encore présente dans l'opinion la plus politisée, mais minoritaire dans le peuple précaire et insécurisé

Une telle *présidence de crises en continu* constitue donc une attente de l'opinion autant qu'un produit des temps, les deux phénomènes se nourrissant l'un l'autre. Sans doute tout président doit-il alterner l'omniprésence et les prises de hauteur, quand l'agenda le permet. Mais on voit bien la ligne de pente, qui se prolonge même quand le président n'a plus qu'une majorité relative à l'Assemblée nationale.

La schizophrénie présidentielle

Deuxième constat dans cette enquête d'opinion de février 2022 : le besoin d'une présidence engagée comme jamais se combine à une forte demande de proximité avec les préoccupations des citoyens et d'attention à la réalité quotidienne. Comme si celui ou celle que l'on élit directement se devait d'abord d'être en charge des Français, avant de l'être de la France et de son avenir.

Un « bon leader politique pour diriger le pays », dit notre enquête, devrait en effet être « attentif à la réalité quotidienne des citoyens » (70,2 %), avant de savoir « bien gérer l'économie » (42 %), de « porter une vision d'avenir pour réformer et changer la France » (40 %) ou de « défendre l'identité de la France et sa place dans le monde » (38 %). Les sondés avaient deux réponses possibles à cette question, et l'attention à la réalité quotidienne est à la fois le premier choix d'une majorité de sondés, et celui qui au total en attire de loin le plus – dans toutes les catégories sociodémographiques, avec peu de variations. Quel aveu de l'opinion ! Le réformateur, le gardien du temple, ou même le bon manager-gestionnaire, viennent bien après l'attente de l'urgentiste, ce nouveau sauveur. Décalage entre les préoccupations des Français et les intérêts du pays à moyen terme ? Plus sûrement effet d'un système qui une fois la présidentielle passée permet au chef de l'État de gouverner sans crainte d'un retour devant le peuple avant cinq ans et qui réforme au risque de l'impopularité, en s'appuyant sur sa seule majorité parlementaire.

Le président français est en réalité devenu un Janus, sinon un schizophrène. La globalisation financière le pousse, et notre dette publique avec, via les autorités européennes, à défendre la signature de la France, c'est-à-dire son crédit, au sens le plus financier du terme. Et donc à engager les « réformes-structurelles-indispensables » comme on dit à Bruxelles, pour se mettre aux normes d'un monde et d'une Europe en compétition qui se financent sur les marchés financiers. Mais il est vite obligé de se (re)tourner vers l'intérieur, vers ces Français trop souffrants et « gaulois réfractaires », quand les crises de la globalisation s'accumulent à un rythme de plus en plus effréné. Alternance des rôles qui fonctionne dans les deux sens. Exemples.

Arrive une pandémie et voilà l'urgentiste et son « quoi qu'il en coûte », au chevet de l'économie et de la société. Deux ans plus tard, le manager réapparaît avec une réforme des retraites car « maintenant, ça coûte » – sans vraiment le dire ouvertement. Avec Nicolas Sarkozy, ce fut aussi d'abord l'urgentiste, avec un plan de relance massif consécutif à la grande crise financière de 2007-2008, avant que le manager n'engage lui aussi une réforme des retraites en 2010. François Hollande, lui, fut surtout manager-gestionnaire, entre hausse d'impôts massive du début, baisse des « charges » des entreprises tout aussi massive et loi travail. Mais la vague terroriste de 2015 le conduisit à être urgentiste au moins sur le régalien, en relançant l'embauche au sein des forces de l'ordre et en accroissant les dépenses militaires. Le manager de l'entreprise France n'a pas les mêmes obligations que l'urgentiste en chef que les électeurs lui demandent d'être. Sa latitude politique, à l'abri des institutions actuelles, lui permet simplement de passer, sans trop d'explications, du manager à l'urgentiste et vice versa, de la « réforme indispensable », (taxe carbone ou réforme des retraites), à l'ouverture du robinet d'argent public, (Gilets jaunes, « quoi qu'il en coûte » ou « bouclier » contre l'inflation). Les citoyens peinent à suivre, quand ils voient l'argent public abonder subitement, alors qu'on voulait l'économiser quelque temps auparavant, et qu'on prétendra le faire à nouveau ensuite.

La fameuse « déconnexion des réalités » dont souffrirait notre classe politique et plus généralement les élites, donc aussi le chef de l'État, est une explication un peu courte à cette soif de proximité et de quotidien. Elle témoigne plutôt de la hiérarchie exigée par l'opinion entre le manager et l'urgentiste. Le besoin d'attention et d'empathie présidentielles souligne la déception sinon la défiance à l'égard de la façon dont le pays est dirigé et dont l'État conduit son action, sous l'influence du manager. « Protégez-nous des crises, de l'ouverture des échanges et des frontières », disent la majorité des citoyens. À quoi le manager répond :

« il faut bien s'adapter » et « vivre avec » ! Avant que l'urgentiste n'intervienne en catastrophe à chaque crise. On pourra méditer sur la schizophrénie de l'opinion, qui demande tout à l'État, miroir ou reflet de la schizophrénie de son chef. La contradiction se solde par la dette publique, à l'abri de l'euro, dont les institutions en retour demandent plus de « réformes » au manager.

Mais il y a plus profond dans ces schizophrénies françaises. Dans son ouvrage sur *Les raisons de la défiance*, si forte en France, Luc Rouban souligne que le non-respect de la promesse républicaine, l'insuffisante reconnaissance du mérite en particulier, le sentiment d'injustice et le déclassement qui en résulte, nourrissent le décalage entre le discours du manager et son effectivité dans les réalités du pays. Décalage criant au moment de la réforme des retraites où la non-reconnaissance des réalités vécues du travail et du mérite (pénibilité, fin de carrière, salaire ou perte de sens), a ôté toute force aux arguments macroéconomiques ou budgétaires.

Or, le président est la seule figure de l'État avec laquelle on ait encore une relation, par l'élection directe. C'est bien pourquoi ce président omniprésent, obsessionnel, est aussi le paratonnerre de toutes les frustrations, déceptions ou colères (des Gilets jaunes à la réforme des retraites et jusqu'à son absence dans une marche contre l'antisémitisme), quand la non-reconnaissance est manifeste dans l'action publique, identifiée à sa seule personne.

L'authenticité et la cohérence

La nouvelle relation à ce leadership de manager/urgentiste est soulignée par un autre constat : l'opinion est moins que jamais prête à lui pardonner ou à tolérer ses écarts. L'importance de la moralité, ou de la vertu publique, est frappante parmi les qualités attendues d'un président, qualités plus importantes aux yeux des sondés que d'autres strictement politiques. Ainsi l'honnêteté (65 %) et l'écoute des autres (48,6 %), arrivent loin devant l'esprit de décision (32 %), la détermination ou l'intelligence (28 %). Des qualités morales et de savoir-être (dirait-on dans le langage du management), plus désirées donc que le bon vieux savoir-faire politique.

Le risque bien réel d'enfermement dans la tour d'ivoire élyséenne pousse sans doute les sondés à souligner l'importance de « l'écoute des autres ». Mais ce risque d'enfermement témoigne surtout à nouveau de la tendance à la schizophrénie du manager et de l'urgentiste, ce dernier ne se manifestant qu'en cas de crise et d'urgence. Et les artifices de la communication présidentielle, qui met en scène une proximité factice que les citoyens ont fini par décrypter, peuvent exaspérer le sentiment commun d'une mauvaise comédie.

Quant à l'honnêteté tant souhaitée, elle pourrait bien résulter de trente ans d'affaires politico-financières, avec deux présidents condamnés ainsi qu'un premier ministre (Jacques Chirac et Nicolas Sarkozy, ce dernier restant mis en examen, mais aussi François Fillon), et de vingt-cinq ans d'affaissement de la distinction entre vie publique et vie privée. Les progrès de la « transparence » sont d'autant plus décisifs qu'ils interviennent en pleine déréliction politique, dont témoigne l'abstention montante. Ils ouvrent l'ère du soupçon à l'égard du chef. La fin relative du secret d'État, celui des alcôves comme celui des comptes en banque, renforce une défiance qui, on l'a vu, a d'autres sources. Ainsi l'ère du politique tout-puissant, sûr de son impunité, avec ses arrière-cuisines parfois malodorantes et ses promesses de gascon « qui n'engagent que ceux qui y croient », cette ère-là est bel et bien close, parce que le statut du chef est dévalué.

Une présidence florentine, cynique par essence, qui dissocie son paraître et ses pensées sinon ses pratiques, comme Machiavel le préconisait depuis quelques siècles, est remise à des jours meilleurs... Au retour d'une autorité légitime ? C'est l'authenticité du chef qui est désormais réclamée, comme si son « paraître », jadis prestigieux, était par nature une tromperie ! Authenticité qui écrase les attentes d'efficacité comme les attentes tribunitiennes. Une présidence des grands mots ou des seuls résultats est en effet repoussée largement par l'exigence de *cohérence*. Seuls 10,6 % des Français attendent d'un président « des résultats, quelles que soient sa méthode et sa moralité » – l'efficacité à tout prix est donc rejetée, autant que l'absence de moralité. Mais aussi un président dans les discours duquel « on se retrouve », « avec des mots que l'on comprend » (16,7 %). Ces deux alternatives du chef, l'une sans scrupule, l'autre verbale, sont balayées par la volonté d'une « cohérence entre ce qu'il dit et ce qu'il fait » (72 %). On a besoin de croire à nouveau à la parole publique, en particulier présidentielle. Et peut-être aussi, que l'urgentiste et le manager se mettent d'accord, leur schizophrénie brouillant les discours.

Il faut bien mesurer la portée de cette normalisation du « président à la française », jadis souverain et littéraire dans sa tenue et son expression, transformé en gestionnaire du quotidien, macroéconomiste ou micro-urgentiste selon les circonstances, avec un mandat moins long, et qui voudra bien être honnête de préférence, sans trop nous raconter de balivernes. Comme si nous en avions beaucoup entendu et vu, au fil des mandats. C'est une triviale revue à la baisse des ambitions et des prétentions qui est à l'œuvre dans cette normalisation : une dévaluation symbolique du chef et du politique, « à portée de gifle » désormais, comme on le disait jadis de l'élu local (désormais à portée d'agressions). Un chef descendu de son piédestal protecteur et qui paie autant les conséquences des crises multiples de l'âge global que celles de la désintermédiation numérique, quand ce n'est pas sa propre schizophrénie.

Au moment où on l'a autorisé, sinon encouragé, à être minoritaire à l'abri des institutions.

V

Un président minoritaire

Ou la Ve République bis

L'affaire paraît entendue : la source de tous nos maux, on veut dire la perte de légitimité et d'autorité de nos chefs à plumes successifs, serait donc le quinquennat ! Voilà le coupable tout trouvé, ce mandat de cinq ans seulement, en lieu et place de l'exception française que constituait le septennat, adopté de façon très arbitraire en 1873 – une partie des monarchistes avait alors accepté à titre provisoire une durée de mandat présidentiel calquée sur l'espérance de vie escomptée du Comte de Chambord, prétendant au rétablissement du trône, mais trop réactionnaire à leurs yeux, dans l'attente du prétendant suivant. La vie politique française a ses drôleries.

Mais la question doit être posée : par cette réforme constitutionnelle, la Ve République a-t-elle donné raison à ses pires contempteurs, en rompant l'équilibre entre président, parlement et peuple, que permettaient l'appel au peuple gaullien puis le « césarisme parlementarisé » de ses successeurs ? La réponse doit être nuancée, ou plus exactement précisée, car ce n'est pas le quinquennat seul mais le mécanisme minoritaire que cette réforme a entraîné, qui est à nos yeux problématique.

En application depuis maintenant vingt ans, le raccourcissement du mandat présidentiel a été adopté largement par référendum en septembre 2000 (mais avec une très forte abstention), pour s'appliquer depuis le deuxième mandat de Jacques Chirac (2002-2007). Une initiative de Lionel Jospin, alors premier ministre, soutenue par François Bayrou, et acceptée, bon gré mal gré, par Jacques Chirac président. Elle visait, par souci de clarté et d'efficacité, à en finir avec les cohabitations : on achevait alors la troisième d'entre elles et la plus longue (1997-2002), après celles de 1986-1988 et de 1993-1995. Des cohabitations qui devenaient de longues précampagnes présidentielles, affaiblissant le clivage gauche-droite mais aussi la « gouvernance » du pays. L'initiative voulait par ailleurs gêner un Jacques Chirac candidat à sa réélection, qui de ce fait ne pouvait guère s'y opposer.

Ruse de l'histoire, hasard ou nécessité, cette réforme, mais elle n'est pas seule responsable, a transformé le successeur de De Gaulle en manager le nez collé au quotidien, sûr de son bon droit à gouverner avec environ 30 % du corps électoral, dans l'épuisement programmé de son autorité et de sa légitimité. Au point d'affaiblir la portée et le sens de l'élection présidentielle.

Ce rythme quinquennal est souvent critiqué pour avoir trahi l'esprit originel de la Ve République, qui donnait au président la responsabilité du moyen et long terme. Le quinquennat favoriserait notre préférence pour le temps court de l'urgence contre le temps long des politiques publiques. Il l'empêcherait de prendre de la hauteur. La nostalgie du président « arbitre », gaullo-mitterrandien, de l'époque du septennat, est forte chez les commentateurs – nostalgie pourtant bien moins partagée par les électeurs, on l'a vu, quand les crises de la globalisation s'accélèrent.

Mais le quinquennat n'est pas seul en cause dans cette évolution. Se focaliser sur la seule durée du mandat présidentiel fait passer à côté du mécanisme à nos yeux le plus délétère. Joue en effet un rôle décisif le calendrier présidentielle/législatives, adopté en même temps que le quinquennat, et qui fait suivre les législatives automatiquement un mois et demi environ après la présidentielle. Ces 577 scrutins sont ainsi devenus une élection de confirmation, un troisième tour en quelque sorte, pour donner une majorité au président, au risque sinon d'une cohabitation. En soumettant les électeurs à ce « chantage » institutionnel de la cohabitation immédiate, s'ils ne votent pas comme il faut, on a de fait dénaturé les législatives. Avec des effets plus pervers encore, à notre avis, que ceux de la cohabitation.

Premier effet : la démobilisation électorale aux législatives après l'acmé de la présidentielle. Celle-ci pénalise d'abord les candidats représentant les perdants de la présidentielle et elle gonfle, un peu artificiellement, le score du parti du président élu, dont les électeurs sont plus mobilisés, afin de lui donner les moyens du pouvoir. Les législatives fonctionnent désormais au « différentiel de mobilisation » des électorats, sur fond d'abstention croissante. Différentiel quasi programmé par un tel calendrier, avec des conséquences lourdes.

Celle-ci, en particulier : alors que le second tour de la présidentielle oblige le vainqueur à rassembler pour élargir sa base électorale de premier tour – Emmanuel Macron a ainsi fait appel aux électeurs de gauche dans l'entre-deux tours de 2022, face à Marine Le Pen – les législatives l'invitent à revenir vers sa base électorale de premier tour, par définition plus réduite, pour la mobiliser (contre cette même gauche en 2022). L'effet amplificateur du scrutin majoritaire fait le reste : avec 30 % des suffrages environ, on peut obtenir 60 % ou plus des sièges. En 2022, la non-campagne du camp vainqueur (moins de 26 % des suffrages pour Ensemble !) a certes entraîné une majorité relative et non absolue. Mais une majorité relative tout de même, en dépit de la forte campagne de la Nupes et de la poussée surprise du RN.

Perversité que cette injonction contradictoire faite au chef de rassembler pour remporter la présidentielle puis de diviser pour remporter les législatives ! Un président n'a ainsi plus besoin, la présidentielle passée, du soutien de 50 % et plus de l'électorat, ni des partis ou personnalités pouvant représenter ces 50 % par nature composites, mais d'un parti à sa main qui réunisse environ 30 % des suffrages exprimés aux législatives (avec 50 % d'abstention), afin d'obtenir des jours relativement tranquilles à l'Assemblée nationale. Et ce mécanisme se reproduit même quand la majorité n'est que relative comme en 2022 : cette fois-ci, c'est le parlementarisme rationalisé de la Ve République, avec sa batterie d'articles couperet des débats et des votes, pas seulement le fameux 49 alinéa 3, qui permet de tenir, voire de passer en force au parlement. À ses risques et périls...

L'injonction contradictoire est encore plus criante quand la présence de Marine Le Pen au deuxième tour de la présidentielle (et avant elle, en 2002, de son père) provoque une vaste mobilisation contre l'extrême droite. Celle-ci assure certes la victoire (du moins jusqu'à présent), mais elle agglutine des votes « contre » sans grande cohérence, et sans donner de mandat clair au président élu. Lequel est choisi de plus en plus par défaut, pour gouverner ensuite avec une majorité qui n'en est pas vraiment une dans le pays. Majorité contre Le Pen et minorité d'adhésion, voilà ce qui donne le pouvoir pendant cinq ans en France. Il ne faut guère s'étonner que les « états de grâce » des présidents élus soient de plus en plus courts et de moins en moins forts. Le grand rite du sacre démocratique fonctionne en réalité de moins en moins. Même si la Constitution est tout à fait respectée et l'heureux bénéficiaire du dispositif tout à fait satisfait ! Sans toujours se rendre compte qu'il s'est enfermé, pour ne pas dire enchaîné comme Gulliver, dans une position en apparence confortable mais en réalité illusoire – une majorité formelle, sans grande attache dans le pays.

Plus de retour devant le peuple

Un président à vocation minoritaire dans l'opinion est ainsi la conséquence de ce calendrier électoral (auquel le terme d'« inversion » ne peut s'appliquer, les législatives n'ayant jamais précédé de peu la présidentielle sous la Ve République). Mais un président minoritaire qui n'est plus obligé ni même incité à revenir devant les électeurs entre deux scrutins présidentiels.

Depuis Nicolas Sarkozy, les présidents élus pour cinq ans n'utilisent plus en effet le référendum, pas plus d'ailleurs que la dissolution. Plus de retour devant le peuple alors que l'arbitrage populaire était conçu, en 1958, comme le moyen de résolution d'un conflit entre exécutif, parlement et peuple – par un référendum ou des législatives au cours du mandat. De la guerre d'Algérie à la construction européenne, en passant par mai 1968, les grandes divisions du pays ont ainsi été tranchées par un vote populaire, et les présidents devenus minoritaires battus lors des législatives prévues entre deux présidentielles.

Plus de référendum donc, et ce n'est pas un concours de circonstances. En 2005, lors du dernier organisé, les Français ont eu l'audace de « mal voter » à 55 %, contre le projet de constitution européenne. À l'inverse de ce que leur recommandaient avec insistance l'essentiel des médias et de la classe politique. Depuis, aux yeux des partis de gouvernement et des médias dominants, le référendum est perçu comme une machine diabolique. Plutôt que les conduire à admettre les bienfaits de la constitution européenne, le référendum aurait fait voter les électeurs d'abord et avant tout contre Jacques Chirac ! Peu importe que les études d'opinion de l'époque démentent cet argument paresseux et hypocrite – c'est la crainte d'une dépossession démocratique qui était l'aiguillon réel du « Non », pas le rejet du président[1]. Mais la classe dirigeante, politique, économique et médiatique, en a déduit que les Français ne voulaient pas s'adapter à la mondialisation ; qu'ils étaient, avant qu'Emmanuel Macron n'use de l'expression, d'indécrottables « Gaulois réfractaires », votant de façon compulsive

1. Voir en particulier la contribution d'Alain Mergier, dans *Le jour où la France a dit Non*, Fondation Jean Jaurès, 2005.

« contre » leur président. Lequel ne peut, s'il veut réformer le pays – et c'est son ardente obligation – qu'être impopulaire, c'est-à-dire minoritaire. D'ailleurs, ce traité européen nettement rejeté fut repris sous forme « simplifiée », dans un « mini-traité » que Nicolas Sarkozy fit adopter par le parlement (avec le soutien d'une partie de son opposition de gauche). La marche en avant de l'Union européenne ne pouvait être freinée par un simple « mouvement d'humeur » de l'électorat, un caprice populaire en quelque sorte. On en fit passer la responsabilité à Jacques Chirac, ce qui était une façon habile de ne pas se poser de questions. Notamment celle-ci : l'acceptation ou non par le peuple français de la globalisation, incarnée ici par une Union européenne structurellement libérale, avec ses conséquences économiques mais aussi migratoires, qui avaient alimenté le « Non » de gauche et le « Non » de droite.

Par la suite, Nicolas Sarkozy, François Hollande puis Emmanuel Macron ont préféré braver les basses eaux de l'impopularité à l'abri de leur majorité parlementaire (même frondeuse sous François Hollande), plutôt que de s'en remettre au vote populaire. Il n'y a donc plus de référendum, dans cette Ve République bis, alors que de Gaulle l'a utilisé pas moins de six fois en dix ans et ses successeurs, jusqu'à Chirac, chacun au moins une fois, à l'exception de Giscard d'Estaing.

Plus de référendum, mais plus de dissolution non plus en cours de mandat. Là aussi, son usage par Jacques Chirac en 1997 s'est révélé malheureux – la droite y perdant la majorité au profit de la gauche plurielle de Lionel Jospin. Exit par conséquent la dissolution qui risquerait de faire revenir par la fenêtre du mécontentement populaire la maudite cohabitation que l'on avait chassée par la porte du calendrier électoral. Le système est ainsi bien verrouillé : tenons bon coûte que coûte, jusqu'à la prochaine présidentielle !

Quant aux élections locales, ce ne sont bien sûr que des élections sans portée aux yeux des gouvernants qui les perdent avec régularité : leur signification nationale est ainsi déniée... Il n'y a donc plus, pour les citoyens, de corde de rappel démocratique pour contester l'action d'un président, entre deux scrutins présidentiels : plus de législatives permettant une cohabitation, plus de référendums, plus d'élections intermédiaires. Plus de corde de rappel, hormis la rue...

Nous voilà ainsi dotés, sans en avoir anticipé les conséquences, d'un président du court terme et du quotidien, presque assuré de pouvoir foncer dans l'urgence, avec sa seule base minoritaire, sans contre-feu démocratique. Que cette urgence soit imposée – une pandémie – ou bien qu'il la décrète lui-même : réforme des retraites avec Emmanuel Macron ; loi travail et déchéance de nationalité avec François Hollande, ce qui fit éclater sa majorité parlementaire ; et avant-hier, déjà, réforme des retraites avec Nicolas Sarkozy. La réforme du quinquennat a privilégié l'efficacité de la décision présidentielle contre la possibilité de la contester pendant cinq ans. Au détriment du parlement, bien sûr, 49 al. 3 aidant. Mais surtout au détriment de l'arbitrage par le peuple en cas de conflit. On soulignera qu'une autre réforme constitutionnelle, de 2008 celle-ci, a bien verrouillé par ailleurs la possibilité d'un référendum d'initiative populaire, au point de le rendre quasi impossible, la réforme des retraites de 2023 l'a confirmé. Et on s'étonnera peut-être moins qu'une des revendications majeures des Gilets jaunes en 2018 fut justement le référendum d'initiative citoyenne (RIC) : ce mouvement a vite dépassé la question du prix de l'essence qui l'avait suscité, pour poser avec rage la question de la démocratie directe, contre le chef de l'État. Il est certes question d'assouplir enfin les conditions constitutionnelles de déclenchement du référendum « partagé », mais le diable sera dans les détails du texte proposé, s'il aboutit. Nous verrons ainsi s'il s'agit d'un effet d'annonce de plus, ou bien d'une volonté éprouvée des parlementaires et de l'actuel président.

Un verrouillage idéologique

Gouverner sans respiration démocratique, sans arbitrage populaire, autant dire sans le peuple, c'est bientôt gouverner contre lui. Jacques Chirac a été le dernier président à faire appel au peuple en cours de mandat, par une dissolution et par un référendum, tous les deux, il est vrai, perdus – ce qui a refroidi les ardeurs déjà faibles de ses successeurs à l'abri de leur majorité quinquennale. Il fut aussi le dernier à reculer sur des projets majeurs – réforme des régimes spéciaux de retraite en 1995 et CPE en 2006. Aucun des présidents suivants n'a cédé devant la rue, ce que la plupart de ses prédécesseurs avaient fait – même de Gaulle, face à une grève des mineurs en 1963 et en mai 1968 par les accords de Grenelle. Le souvenir qu'a laissé Jacques Chirac dans la mémoire des citoyens est peut-être aussi dû à cela, pas seulement au fait qu'il était sympathique. Pourtant, les médias dominants et sa famille politique elle-même, lui ont donné le surnom de « roi fainéant » : celui qui « n'a pas réformé », qui a trop reculé ! Un radical-socialiste sans colonne vertébrale qui laisse son pays s'enfoncer dans l'immobilisme, tel fut le jugement partagé sur lequel Nicolas Sarkozy construisit son personnage, pour prendre la suite.

Dire qu'on ne peut gouverner durablement sans un assentiment minimum est un truisme démocratique – ce n'est au fond que la définition de la légitimité et du consentement au pouvoir. Aux yeux de notre classe dirigeante, le prétendre témoigne pourtant d'une démagogie effrontée, sinon d'un populisme crasse. Il serait entendu que pour bien gouverner, être un homme ou une femme d'État courageux, il faut toujours aller contre la majorité. Certes, la majorité n'a pas toujours raison, mais comment gouverner un pays démocratique quand on pense qu'elle a toujours tort, et qu'il ne faut surtout pas lui donner le dernier mot ? Ici, le verrouillage institutionnel et politique du quinquennat prend une tournure idéologique.

Après Jacques Chirac, nos présidents successifs semblent bien avoir intégré l'idée que l'on se fait parfois de la France dans le monde anglo-saxon. Celle d'un pays ingouvernable, inadapté à la globalisation avec son ouverture des échanges et son multiculturalisme – un pays non-viable en quelque sorte, et promis aux poubelles de l'histoire s'il ne change pas en profondeur. D'où ce rêve qui court depuis les années 1990, parmi les « élites » : s'appuyer sur la contrainte extérieure et européenne pour normaliser enfin notre ringarde exception nationale, la volonté populaire ayant montré qu'elle n'était pas fiable. Sont-ce ici les effets du « malheur français » analysé par

Marcel Gauchet qui souligne le grand malentendu, bien entretenu, entre peuple et élites, sur la nature et l'ambition de la construction européenne ? Volonté populaire qu'on sollicitera néanmoins tous les cinq ans dans l'entre-deux tours, en faisant jouer les grandes orgues de l'antifascisme pour repousser l'hydre lepéniste – dont on se demandera, avec un air de désolation, pourquoi il repousse si fort et si vite à chaque fois...

Une relation sadomasochiste s'est ainsi instaurée entre le peuple et ses dirigeants. La Ve République bis, que nous venons de décrire à grands traits, ressemble fort à un mécanisme général de *vote bloqué*, du deuxième tour de la présidentielle aux législatives qui suivent, avant des votes sans conséquences en cours de mandat (vote bloqué, par analogie avec l'article 44 de la constitution qui ne soumet au vote de l'assemblée que les seules dispositions que l'exécutif, le « système » dans notre analogie, juge recevables).

Bascule décisive que celle de 2005-2007 : l'élection de Nicolas Sarkozy, premier quinquennat d'un président nouveau, représente une rupture. Commence l'ère des présidents durablement minoritaires, décidés à « réformer » à tout prix, comme on restructure une grande entreprise dans le rouge, au nom de l'adaptation à la globalisation, de la compétitivité ou de l'assainissement des finances publiques, dans le cadre des traités européens. Il n'est que voir les évolutions des cotes de popularité et des résultats électoraux de ces présidents successifs – qui descendent au minimum historique avec François Hollande.

Ainsi, dans une France qui s'est pourtant déjà droitisée sur les sujets identitaires et sécuritaires, Nicolas Sarkozy sera-t-il tout de même battu en 2012 – mais sa réforme des retraites a fait l'objet d'une très forte contestation populaire l'année précédente. François Hollande quant à lui, ne se jugera pas en situation de pouvoir se représenter en 2017, après la cassure au sein de sa majorité parlementaire (et de son électorat) – le candidat socialiste, Benoît Hamon, obtiendra 6 % des voix en 2017. Emmanuel Macron a certes été réélu, dira-t-on, mais après deux ans d'anesthésie politique pour cause de pandémie – elle a joué un rôle important dans sa réélection, on le montrera – et après une non-campagne écrasée par l'invasion russe en Ukraine. On mesure pourtant combien son autorité et sa légitimité sont durablement affaiblies après la réforme des retraites, du fait de ses modalités d'adoption, alors même qu'elle faisait partie, et sous une forme plus dure, de ses engagements électoraux.

Ces années sont aussi celles où Marine Le Pen transforme peu à peu, à partir de 2011, un parti héritier des extrêmes droites françaises en parti populiste, identitaire et social, pour s'installer durablement au second tour de la présidentielle. 2007, c'est enfin le début des crises multiformes de la globalisation, avec la crise financière, en même temps que celui de la révolution numérique de l'information, avec le déploiement des réseaux sociaux.

Mais l'inversion de la hiérarchie entre les « deux corps du roi », (selon la distinction d'Ernst Kantorowicz) celui physique de l'être humain prenant le pas sur celui symbolique de la communauté nationale, a précédé la révolution numérique et préparé le terrain.

VI

La fin de la séparation public-privé

La rupture de 2007 doit en effet être analysée aussi à l'aune la publicité donnée à la vie privée des présidents. Le petit bout de la lorgnette est parfois instructif[1].

Comprendre la « peopolisation » de la vie politique française oblige à remonter plus loin dans le temps que l'on pourrait le supposer. Contrairement à une idée reçue, elle ne commence pas avec l'introduction en France d'une presse people à l'anglo-saxonne, à la fin des années 1980, prête à susciter des procès et à en budgéter les frais, pour révéler des scandales à forte audience – en 1987, c'est ainsi le lancement de *Voici*. Cette presse people, dans le domaine politique, ne devient un acteur important qu'au cours du quinquennat de François Hollande, en 2013 précisément. C'est au contraire *Paris Match*, hebdomadaire emblématique des « célébrités » françaises depuis l'après-guerre (et longtemps respectueux de la séparation public-privé), qui a joué le premier rôle.

1. Une première version de ce chapitre est parue sous forme d'article dans la *Revue politique et parlementaire* d'avril 2023.

Cette séparation, jadis dogme accepté par la classe politique comme par les journalistes, s'est effritée en trois étapes : Pompidou ou la levée du voile ; le dernier Mitterrand ou la levée du mensonge ; et enfin Sarkozy ou la levée du surmoi.

Cette petite histoire qui éclaire la grande, celle du statut du « chef » et de sa relation aux Français, ne prend son sens qu'au sein d'une transformation majeure des médias comme des moyens de communication au cours de ces cinquante dernières années. Celle qui va de la généralisation de la télévision dans les foyers pour s'achever (provisoirement) dans la généralisation de l'usage des réseaux sociaux et des chaînes d'info en continu. Période que l'on peut caractériser par le règne de l'image-son, comme vecteur premier de récit de la réalité, et qui met au premier plan – et même en gros plan – la personne et son humanité plus que la fonction et sa dimension symbolique. Vidéosphère, pour reprendre le concept de Régis Debray, qui donne la prime à l'*authenticité*, fût-elle factice ou fabriquée, sur la représentation, dans tous les sens classiques du terme.

C'est ainsi que la hiérarchie entre les deux corps du monarque républicain s'est quelque peu inversée en 50 ans, le corps physique du roi élu doublant son corps symbolique qui résiste encore un peu. À la place du dogme de la séparation, s'est mise en place une certaine transparence, qui n'est pas totale (fort heureusement), mais qui n'en est pas moins devenue obligée. Une transparence à la française pourrait-on dire, qui témoigne du passage d'une culture « catho-laïque » du secret et de la séparation des ordres, à celle (plus anglo-saxonne ou protestante ?), d'une transparence acclimatée à notre cher et vieux pays. Avant que la révolution *Me Too* ne provoque un autre ébranlement, qui change la nature même de l'interrogation sur la vie privée.

Pompidou, la levée du voile

Pompidou, ou comment conserver encore une majesté gaullienne, avec conférences de presse solennelles et voyages officiels prestigieux, tout en la subvertissant par la modernité de l'image, dans la France de l'après 68 et de la télé couleur.

Le voilà, souriant, cigarette au bec et pull en V, assis sans façon sur le capot d'une voiture d'époque, conversant avec son épouse debout, grande, blonde et élégante, dans sa maison de campagne : c'est une image d'Épinal de la France heureuse des années 1970, une France aisée qui sort de l'austérité gaullienne. Pompidou est le premier président à accepter un documentaire télévisé montrant sa vie familiale, dans sa maison à Cajarc, quand aucune caméra n'a pénétré dans La Boisserie gaullienne (et un photographe une seule fois).

Pompidou est aussi le premier à nouer une relation de confiance avec *Paris Match* et l'un de ses photographes, qui le suivra plusieurs années durant[1]. *Paris Match* est l'hebdo qui trône dans les salons de coiffure et sur la table basse de la classe moyenne des Trente Glorieuses. *Paris*

1. Marc Brincourt le raconte en détail sur le site de *Paris Match*.

Match, le magazine d'avant la presse people, qui façonne l'image des « grands », sans les importuner, en confiance. En connivence ?

Le couple Pompidou joue un rôle décisif dans cette communication présidentielle d'avant la communication politique : Claude Pompidou est la première « première dame » à s'exposer, après la discrète Yvonne de Gaulle qui s'effaçait dans l'ombre du grand homme. Dans cette innovation, il y a la part du tempérament sans aucun doute, mais aussi celle de la conjoncture. L'affaire Markovic, en 1969, a joué en effet son rôle, bruissant dans tout Paris. Markovic, garde du corps d'Alain Delon, avait été retrouvé mort et l'enquête montrait sa participation à des « parties fines ». Jusqu'à évoquer des photos – en fait des montages – d'une grande dame blonde, qui s'y serait trouvée aussi (suivez mon regard). Quelques officines gaullistes, hostiles à Pompidou, ont répandu la rumeur. Cette affaire a amplifié la rupture issue de mai 1968 entre de Gaulle et Pompidou, le premier ne prévenant pas le second de ces vilains ragots – son premier ministre, Maurice Couve de Murville, chargé d'informer Pompidou, a curieusement oublié de le faire [1]. Elle a pu pousser le nouveau couple présidentiel à se revendiquer heureux et moderne, en rupture avec le hiératisme un peu vieille France du précédent. Mais au-delà de cette affaire, la volonté est patente chez Pompidou de mettre en scène une simplicité non feinte qui convenait mieux à l'après 68 et à l'après de Gaulle : quand le président n'est plus un mythe

1. Selon le récit de Michèle Cotta dans le tome I de ses Mémoires, *Ma Cinquième*, Bouquins, 2023.

vivant et que l'image est en train de triompher, il faut bien s'humaniser.

Avec une forte limite – la santé personnelle – à ce coin de voile à peine levé... La physionomie de Pompidou changeait, son visage soulignait l'évidence d'une maladie, mais celle-ci resta secrète et taboue. Jusqu'à sa mort brutale, le 2 avril 1974, annoncée le soir aux Français par un simple sous-titre pendant le film qu'ils regardaient à la télévision.

Giscard amplifiera le mouvement initié par Pompidou, dans la mise en scène publique de sa vie familiale. Dès sa campagne victorieuse de mai 1974, ses enfants et son épouse apparaissent dans les équipes de campagne et sur les photos ; une de ses filles est même présente avec lui sur une affiche de campagne. Avec Giscard, on entre dans la communication politique contemporaine : l'homme privé, disons familial, fait partie intégrante de l'image du président. Une fois élu, il demandera à Anne-Aymone, son épouse, mal à l'aise, de présenter ses vœux avec lui aux Français le 31 décembre 1975. Expérience compassée qui restera sans lendemain, mais Giscard était influencé par le modèle américain, celui en particulier de John F. Kennedy. Signe d'une volonté présidentielle d'aller plus loin dans l'assouplissement de la séparation du public et du privé. Sans risques puisque la vie personnelle du président reste bien protégée, malgré les rumeurs d'accident avec le laitier au petit matin.

Il en ira de même pour François Mitterrand, qui n'innovera pas dans ce domaine – sauf à la fin. Et on imagine bien pourquoi, avec le recul. Son épouse, Danielle Mitterrand, ajoutera un militantisme associatif à la palette des activités d'une première dame sans statut. Mais les Français ignorent qu'un accord lie les deux époux depuis les années 1960, qui leur donne à chacun la liberté de leurs relations. François Mitterrand juge le divorce incompatible avec une fonction politique de premier plan, dans ces années-là. Le divorce par consentement mutuel date de 1976 en France. Il n'est pas encore entré dans les mœurs politiques, même s'il commence à l'être dans la société (la chanson de Michel Delpech, « Les divorcés », sort en 1973).

Hypocrisie donc, assumée et partagée à l'Élysée (où des conseillers croisent le compagnon de Danielle), au nom de la conquête et de la conservation du pouvoir. Et du respect de la vie privée, que rien n'incite à remettre en cause.

Jusqu'au 10 novembre 1994.

Le dernier Mitterrand, la levée du mensonge

C'est en effet dans le numéro 2372 daté du 10 novembre 1994 de *Paris Match*, que paraît en Une, en haut à gauche, une étonnante photo, prise au téléobjectif, du vieux président penché avec affection vers une jeune fille de 20 ans, la main sur son épaule, à la sortie du restaurant *Le Divellec* sur l'esplanade des Invalides. En pleine Une, le visage vieilli d'un Mitterrand malade. Titre : « Mitterrand et sa fille ». Sous-titres : « le bouleversant récit d'une double vie » ; « photos : la tendresse d'un père », « l'admirable courage du président ».

Bien sûr, Mitterrand n'a rien demandé à *Paris Match*. Il se sait épié par les paparazzis, et ce restaurant est peu discret. *Paris Match* transmet le cliché à Roland Dumas, proche de Mitterrand : nous sommes encore dans le monde où *Paris Match* ne publie pas une telle photo sans demander implicitement l'autorisation. Et lorsque Dumas la montre à l'intéressé, celui-ci aura cette réponse, mitterrandienne en diable : « Ils savent ce qu'ils ont à faire ! » Mitterrand a créé les conditions pour que l'existence de sa fille, Mazarine, soit révélée aux Français. À 6 mois de son départ de l'Élysée, tout au bout de son second septennat. 18 mois à peine avant son décès... Fille cachée née en 1974 de sa vie conjugale avec Anne Pingeot, qu'il a rencontrée dans la deuxième moitié des années 1960 et qui l'accompagnera jusqu'à la fin.

Tout a été dit de cette révélation romanesque – et de la relecture *a posteriori* du roman de Françoise Giroud, *Le bon plaisir*, publié aux Éditions Mazarine (*sic*) comme du film adapté par la suite en 1984, et qui narrent l'histoire d'un président et de sa fille cachée. Personne n'avait relevé l'allusion, alors que le Tout-Paris, avait appris peu à peu : on restait entre *happy few*, on respectait le secret (on peut avoir la nostalgie de cette époque). Tout a été dit aussi des ressorts personnels de cette révélation tardive : Mitterrand est gravement malade, même si son cancer, à la différence de celui de Pompidou, est connu des Français, mais depuis deux ans seulement, par suite d'une opération (on apprendra plus tard que ce cancer avait été décelé dès 1981).

Il est évident que, de nos jours, François Mitterrand n'aurait pu préserver aussi longtemps le secret de sa vie familiale réelle. Ce mensonge par omission, ô combien significatif de la distinction machiavélienne entre l'être et le paraître du chef, était justifié par l'idée qu'un homme politique de premier plan ne pouvait assumer un divorce – ou peut-être que pour vivre heureux, il faut vivre caché, ce qui permet des vies multiples… Michel Rocard, en 1991, fut le premier politique à rendre public le sien et on peut soupçonner le chef de file de la deuxième gauche d'avoir pris plaisir à jouer la transparence en contraste, lui, l'éternel rival de Mitterrand. Mais pas de fuite pendant treize ans et demi de présidence, et pas de proche, ou de proche de proche, qui se soit cru autorisé à écrire et publier là-dessus – hormis Jean-Edern Hallier mais l'affaire fut étouffée, par la grâce des gendarmes de l'Élysée, cellule qui fit scandale pour ses écoutes, lesquelles n'étaient pas sans rapport avec cette fille cachée.

Le vieux chef Mitterrand, dans sa volonté de mettre ses affaires en ordre avant de partir en nous présentant sa fille, a peut-être, à son insu, ouvert la boîte de Pandore de la peopolisation. Car cette inauguration tardive de la transparence à la française a rendu bien plus difficile par la suite le mensonge durable. Les médias, accusés de complaisance et de connivence pour « ne pas en avoir parlé » se devaient désormais de montrer plus d'indépendance – les citoyens ayant eu le sentiment d'être mis à l'écart des secrets du microcosme. Peut-être aussi parce que le silence des entourages et habitués des cercles de pouvoir, n'est plus garanti de la même manière.

Ajoutons un point, souvent oublié : Mitterrand, cet homme aux vies successives et parfois cumulées, n'a pas levé ce secret-là seulement. Il y en eut un autre, révélé aussi en 1994, quelques mois à peine avant ce 10 novembre, par un livre de Pierre Péan, défenseur du journalisme d'enquête, contre le journalisme d'investigation à base de fuites judiciaires (qui a fleuri aussi sous François Mitterrand). Un livre intitulé *Une jeunesse française*. C'est la photo en couverture, que de Gaulle avait refusé d'utiliser lors de la présidentielle de 1965, qui fit surtout scandale, celle montrant François Mitterrand décoré de la Francisque par le Maréchal Pétain, en 1942. Mitterrand a laissé faire Péan, comme s'il assumait là aussi sa jeunesse à la fin d'une très longue vie politique, afin de pouvoir s'en justifier devant J.-P. Elkabbach, avant son départ.

Le choc fut profond, au sein de sa famille politique en premier lieu, redoublé par la révélation de la fréquentation mitterrandienne de René Bousquet. Choc au sein de l'opinion aussi. Comment ne pas douter ensuite de la sincérité de la parole politique ? Et comment laisser un candidat à la magistrature suprême rester seul maître du récit de son histoire personnelle ? Après Mitterrand, et avant même l'arrivée du web en politique dix ans plus tard, puis des réseaux sociaux, le mensonge est devenu presque caduc. Car une fois révélé, il devient rédhibitoire pour une personnalité politique. On peut encore un peu mentir, mais jusqu'à quand ? Jusqu'à la prochaine révélation, qui n'attend plus quatorze ans de présidence. Voilà l'indéniable américanisation de notre vie politique. Quant à la « classe médiatique », les journalistes d'enquête y gagnent une crédibilité que les journalistes politiques et éditorialistes ont quelque peu perdue, par indulgence ou connivence. Redistribution du prestige journalistique au sein du clergé médiatique.

Mitterrand n'a donc pas seulement ouvert la boîte de Pandore de la « peopolisation », il a accéléré la prise de pouvoir de l'authenticité et de la transparence, au moins relative – ce qui ne manque pas d'ironie. Fin du machiavélisme à la française. La mémoire de Mitterrand le paie très cher. Dans l'imagerie contemporaine, il y a saint de Gaulle et Mitterrand le diable : la droiture irréprochable contre la dissimulation récurrente. Présentation très mythologique qui veut oublier les moments machiavéliens de De Gaulle lui-même (et les moments de sincérité de Mitterrand). Mais cette béatification gaullienne et cette condamnation mitterrandienne symétriques ont néanmoins fabriqué une nouvelle hiérarchie des grands hommes, où prime la cohérence entre ce qu'on est et ce qu'on dit ou fait.

Les règles du jeu vont ainsi changer, progressivement. Désormais certains politiques et journalistes devanceront les enquêtes, pour ne pas être accusés d'insincérité. En 1997, quand Dominique Strauss-Kahn devient ministre, sa compagne, Anne Sinclair, arrête « 7 sur 7 », l'émission politique phare des années 1980 et 1990. Et inaugure ainsi la série des journalistes, souvent des femmes, qui devront se mettre en retrait, parce que leurs compagnons font campagne ou entrent au gouvernement. En 1998, en plein débat sur le Pacs, adopté par la gauche plurielle, Bertrand Delanoë rendra public son homosexualité dans une émission de M6, ce qui ne l'empêchera pas d'être désigné candidat du PS à la mairie de Paris ni d'y être élu en 2001. La gauche jospinienne prend le contrepied des silences mitterrandiens. La droite chiraquienne, à l'inverse, reste dans la tradition du secret. Jacques Chirac sera le dernier président dont la vie privée sera intouchable. Il sera accusé de divers délits en matière de financement politique et subira de dures critiques politiques, on l'a dit, mais Bernadette, son épouse, devient un personnage politique sans que jamais de son vivant, la vie privée de Jacques Chirac ne soit scrutée, quand bien même la rumeur était flatteuse.

Sarkozy, la levée définitive du surmoi

La dernière rupture, non la moindre, viendra avec son successeur, avant même qu'il ne soit élu et l'on a dit combien l'élection de Nicolas Sarkozy incarnait une nouvelle ère du chef politique en France.

Paris Match joue encore une fois ici le rôle décisif. Notre hebdo national fétiche, pourtant respectueux de l'ordre établi, juge bon de mettre en Une en juillet 2005, une photo de l'épouse du futur candidat avec un « ami », à moins de deux ans de l'élection présidentielle. Nicolas Sarkozy a beaucoup communiqué sur et avec son couple depuis des années et Cécilia Sarkozy ira jusqu'à devenir conseillère technique au cabinet du ministre-mari.

Or, comme dans les vaudevilles, ce mari, futur président, est mis devant le fait accompli, et là est bien la première rupture : il n'y a pas eu cette fois, et pour cause, d'autorisation quelconque. *Paris Match*, cette institution, propriété du groupe Lagardère, emploie pour la première fois les méthodes de la presse people, celles de la révélation à scandale et de la violation de la vie privée.

Le directeur de *Match* sera licencié, Nicolas Sarkozy gagnera son procès, et l'hebdomadaire ne recommencera (presque) plus. Mais le précédent est là, venu d'une peopolisation soudaine du magazine ancré dans les traditions françaises d'après-guerre. La presse people, elle, s'en souviendra.

Le divorce entre Nicolas et Cécilia intervient après l'élection de Sarkozy. Après bien des rumeurs au moment de l'élection, après surtout que le nouveau président eut confié à son épouse une mission en terre libyenne, au moment de l'affaire dite des « infirmières bulgares ». Ici aussi, qu'une première dame, dont le statut n'existe pas en France, reçoive une mission diplomatique, est une nouveauté certaine.

Nicolas Sarkozy va très vite se remarier : il rencontre Carla Bruni en novembre 2007 et officialisera sa nouvelle union dans une conférence de presse présidentielle en janvier 2008, par cette phrase devenue culte : « Avec Carla, c'est du sérieux. » Cécilia était un atout dans la communication sarkozienne, Carla le sera tout autant. Du divorce au remariage, les Français ont pu suivre, presque en direct, les tribulations de la vie personnelle de leur président de la République. La vie privée est ainsi devenue publique. Tous les tabous et complexes qui soutenaient encore un peu la séparation déjà branlante entre public et privé sont tombés – hormis la sexualité elle-même. L'exposition de la vie privée en devient obligatoire pour un président ou un candidat aspirant.

Malraux avait écrit à propos de De Gaulle : « Il n'y a pas de Charles. » Seul de Gaulle existait, parce que seul de Gaulle se montrait, jamais l'homme privé. On avait eu un aperçu de Georges, puis de Valéry, de façon encore convenue. Le dernier Mitterrand avait révélé quelques facettes et non des moindres, de François. Nicolas, lui, se présentait aux Français *avec* Sarkozy. Ils ne faisaient plus qu'un seul personnage, sans différenciation. Authenticité sans doute, mais désymbolisation aussi.

Son successeur imprudent en fit les frais : un hebdo people véritable celui-là, donc un peu voyou, trouva vendeur de le mettre en Une, photographié sur une moto rue du Cirque, rejoignant sa bonne amie. Atteinte caractérisée à la vie privée du chef de l'État, qui ne gêna personne en France. Preuve que l'interdit était tombé, définitivement. Nous en étions revenus, via la presse people, aux libelles (en forme contemporaine d'images volées) qui abîmèrent le prestige, sinon la sacralité, de Louis XV et Louis XVI. L'infidèle François Hollande s'en trouva quelque peu ridicule, comme ses illustres prédécesseurs avant la Révolution, et plus encore dans les psychodrames de la séparation qui suivirent, dont presque rien ne nous fût épargné. Comme il le fut quand Léonarda lui répondit par caméra de télévision interposée. Le ridicule ne tue certes pas un président, mais bien son prestige – c'est-à-dire un peu de sa légitimité.

Last but not least, l'impétrant suivant fit campagne, cette fois très volontairement, en Une de divers magazines, avec son épouse plus âgée. Comme pour mieux souligner à quel point il était différent : ce couple « atypique » était là pour en témoigner. La boucle était bouclée, l'intime se transformait en trait de caractère politique : disrupteur dans sa vie privée, Emmanuel Macron le serait donc en tant que président, tel était le message du médium. Les rumeurs n'en ont pas moins bruissé sur la vie privée de ce président, l'obligeant même à démentir une relation homosexuelle, donnée comme une quasi-certitude non seulement dans le Tout-Paris, mais sur les réseaux sociaux. La transparence n'éteint pas les ragots. Elle oblige simplement à ne pas avoir eu une vie trop compliquée, à coller à sa biographie, devenue attestation de sincérité...

On s'étonnera peut-être que la fameuse affaire DSK au Sofitel, en mai 2011 (si fameuse qu'il n'est pas nécessaire de la rappeler) ne figure pas dans notre récit. Elle nous semble surtout anticipatrice d'une autre rupture qui, elle, ne sera pas d'origine française : la révolution *Me Too*. Il ne s'agit plus seulement de connaître la vie privée des personnalités politiques pour jauger leur authenticité, mais de savoir si cette vie privée n'est pas toxique, voire criminelle. Changement de nature de la vie privée des hommes publics : de l'authenticité demandée à la non-dangerosité exigée, comme attestation préalable pour l'homme de pouvoir... Au bout de l'affaire DSK, bien amplifiée par la révolution *Me Too*, il y a les affaires récentes, fort différentes, de Damien Abad et Adrien Quatennens.

Mais c'est une autre histoire, qui a un rapport étroit avec la nouvelle forme de démocratie dans laquelle nous vivons et qu'il nous faut maintenant essayer de cerner, dans ses conséquences pour le statut du chef.

VII

Le populiste malgré lui

Dans ce changement de statut présidentiel, l'ère numérique est une cause aussi importante que le facteur institutionnel – le quinquennat – ou que le facteur économique et culturel – la globalisation et ses crises. Caractériser notre époque par sa technique dominante de communication est essentiel quand on cherche à comprendre la fonction dirigeante.

Le chef n'est plus, on s'en est bien aperçu, un roi thaumaturge ni un grand capitaine, avec ses portraits à l'huile, ses pièces de théâtre et ses récits épiques. Mais, on peine davantage à l'admettre, il est fort éloigné aussi du leader parlementaire du XXe siècle, quand l'opinion publique était canalisée par de puissants partis et une presse papier florissante, comme du leader dirigiste des Trente Glorieuses, maître de l'économie nationale, assis sur la puissance naissante de l'audiovisuel. Même le président américain ou français, qui gouvernait par la télévision et dont la légitimité tient encore en partie à sa popularité sondagière, connaît bien des métamorphoses. Notre regard sur les chefs est daté, comme si les changements étaient trop rapides pour nos outils conceptuels. La dimension à la fois technique et culturelle, en un mot médiologique, de l'institution « chef », est souvent négligée dans les analyses du leadership qui abondent en arguments sociologiques, économiques ou politico-juridiques : c'est le point aveugle de nos commentaires, le facteur epsilon des équations académiques du chef légitime. Essayons d'explorer cet angle mort[1].

Le leader d'aujourd'hui évolue de fait dans une nouvelle forme de démocratie, et un nouvel âge de l'opinion publique, que l'on qualifiera de *démocratie d'expression directe*. Une expression permanente, caractéristique de l'âge numérique et qui s'enchevêtre à un autre âge, encore présent mais déclinant, celui de la démocratie médiatique. Nous dépassons le stade de ce que Bernard Manin, dans ses *Principes du gouvernement représentatif* a appelé la « démocratie du public ». Celle-ci est de plus en plus concurrencée et surtout subvertie, par les réseaux sociaux et les chaînes d'information en continu, institutions de la démocratie de l'expression directe.

Les sondages et la télévision en France ont joué un rôle central dans la « démocratie du public », qui émerge avec l'augmentation exponentielle des postes de TV dans les foyers (années 1960 et 1970), et l'élection présidentielle au suffrage universel direct (à partir de 1965). La personnalisation qu'elles induisent, l'une autant que l'autre, centre la vie politique autour du chef élu et de ses rivaux potentiels, dont la popularité est mesurée par

1. Notamment analysé dans Régis DEBRAY, *L'État séducteur*, Gallimard, 1993.

sondages. Le décalque est d'une grosse décennie avec les États-Unis : le premier duel télévisé entre Kennedy et Nixon a lieu en septembre 1960 ; le premier, en France, en 1974, entre Giscard et Mitterrand. Gouvernants, grands médias dominants, gouvernés-sondés, formaient dans cette « démocratie du public » un triangle systémique encore stable, où le juge de paix était la cote de popularité, et l'épreuve décisive, l'entretien télévisé, entre deux campagnes présidentielles qui voyaient gauche et droite alterner. Les deux mandats de François Mitterrand peuvent être vus comme l'archétype de cette période, qui commence avec Giscard d'Estaing en France et court jusqu'au second mandat de Jacques Chirac.

Soulignons-le : l'opinion publique, suscitée par les questions des instituts, y joue un rôle passif, à tel point que Bourdieu dira qu'elle « n'existe pas », parce que construite comme un artefact. À l'inverse du sens originel du mot, qui est d'être une expression publique volontaire, par les moyens techniques de communication d'une époque. Sens originel qui redevient premier avec la révolution numérique, puisque l'expression est désormais à la portée de chacun sur les réseaux sociaux.

En 2007, l'arrivée en France du smartphone grand public, téléphone connecté à internet, est suivie de près par ces plates-formes, avec des applications proposées par l'Apple Store de l'iPhone – cette année 2007, décidément... Au moment même où la TNT en France a permis le développement des chaînes d'info en continu ; au moment aussi, on l'a dit, où le quinquennat entre pleinement en application avec l'élection de Nicolas Sarkozy. Ces années-là sont bien un moment où la

« démocratie du public », dominante avec son triangle gouvernants/médias/sondages, est subvertie par une démocratie de l'expression directe sur des réseaux sociaux accessibles à tous et du commentaire permanent par les chaînes d'info. Lesquels réseaux sociaux et chaînes d'info s'alimentent mutuellement pour donner naissance au « président de crise en continu » de notre série politique nationale sur multi-écrans. Démocratie où règne le direct live, et un nouveau rituel de l'information qui ne concerne pas seulement les chaînes d'info : en témoigne la transformation de nos bons vieux quotidiens version papier – leur rôle est originel dans la naissance de l'opinion publique – en applis, mêlant l'écrit à de plus en plus de vidéos. Car de la « démocratie du public » à la démocratie de l'expression directe, c'est toujours l'image-son qui domine, qui donne le *la* de l'info et des événements et qui alimente les commentaires, sur un plateau, ou bien les témoignages, sur un réseau social.

Il en résulte une métamorphose de notre vie démocratique au moment le plus fort des crises de l'âge global, et dont on voudrait souligner quelques conséquences quant au statut du « chef » et de l'autorité politique : la désintermédiation et donc le populisme obligé du chef, la « post-vérité » et les vérités alternatives ; la naissance enfin d'un « orwellisme inversé » où le roi est nu.

Le populisme, style obligé

La désintermédiation numérique remet en cause toutes les autorités – et précisément les corps intermédiaires –

laissant le chef plus solitaire encore, dans une relation ambivalente avec la multitude, qui n'est plus structurée que par des « mouvements » éphémères, sans enracinement.

Par l'accès démocratisé à l'expression visible, la parole du quidam en vient à peser autant que celle du professeur d'université, du journaliste, de l'expert en tous genres, mais aussi de l'élu, local ou national. Il n'y a plus d'argument d'autorité ; seule la rhétorique compte, celle qui permet de toucher, émouvoir ou convaincre, de dénoncer et s'indigner aussi. La visibilité, ce pouvoir de capter l'attention générale, n'est plus le monopole de ceux qui ont une « capacité », comme on disait au XIXe siècle à propos de la classe dirigeante. Les corps intermédiaires, déjà faibles en France, sont renvoyés à leurs intérêts particuliers, ceux de leurs représentants : la présomption de sagesse et de sens de l'intérêt général ne leur bénéficie plus. « Horreur et damnation », clament-ils, souvent déchus ou bousculés. L'engeance et le premier venu les contestent, quand ils ne les soupçonnent pas. D'ailleurs, le premier réflexe des démocratures (russe, turque, iranienne), quand survient la contestation populaire, est de couper ou brouiller les réseaux sociaux, ou de les contrôler étroitement. Ceux-ci ont désormais partie liée, pour le meilleur et pour le pire, avec la liberté d'expression, à laquelle nous nous prétendons si attachés.

Il est difficile de ne pas percevoir, derrière la plainte et la critique aussi récurrentes que vaines en France contre cette technologie si puissante, le long sanglot des autorités dépossédées du monopole de la parole légitime. La nostalgie d'un monde où mots et images appartenaient d'abord à ceux qui avaient tribune ouverte dans les journaux ou bien l'insigne honneur de trôner sur les rares plateaux de télévision. Parole autorisée, accréditée, distinguée, par un titre, un statut, une élection, qui seuls offraient le droit d'être écouté, vu et lu, pour mieux donner le *la* du consensus ou de la dispute acceptable. Privilège sinon perdu, du moins bien entamé. La « direction d'opinion » existe certes toujours mais ses règles de fonctionnement ont changé – les « influenceurs » numériques, pour faire court, ont succédé aux éditorialistes et un éditorialiste doit devenir un influenceur, courant de twitter (devenu X) aux plateaux des chaînes d'info. Ce n'est plus le « clergé » de l'Église médiatique qui impose les problématiques en tous genres à l'opinion, mais de plus en plus ces opinions et expressions numériques qui influent et provoquent les réactions médiatiques. « Clergé » médiatique, soulignons-le, qui s'était peut-être trop éloigné des attentes et vécus populaires, pour ne s'adresser qu'aux diplômés urbains et retraités aisés, la « France du Oui » de 2005. Le mouvement en a été facilité... Alors, quelles conséquences pour les leaders et les structures politiques ?

L'invention de l'imprimerie avait permis la diffusion de la Réforme protestante contre l'Église et son clergé, par l'accès direct à la Bible traduite en langue vernaculaire. Et favorisé à la suite la remise en cause des autorités monarchiques : les libelles contre le roi, autant que l'*Encyclopédie*, au XVIIIe siècle, sont une préparation à l'esprit de la Révolution française. 150 ans plus tard, nouvelle révolution technique, la radio et le cinéma ont produit, analysait Walter Benjamin, le dictateur de l'ère des masses (en même temps que la « star »). La télévision a ensuite bien aidé les présidents américains et français, et plus généralement les chefs de l'exécutif, même en régime parlementaire, à devenir le centre de l'attention des citoyens et à consolider leur pouvoir, en particulier leur prééminence sur le parlement. Le smartphone, lui, qui permet à chacun d'être vu et de s'exprimer partout, à tout instant, est l'arme du « populisme » à l'ère de l'individu communautarisé. Trump, venu de la téléréalité, a transformé son compte Twitter en média personnel (avant que celui-ci ne soit bloqué), contre les médias dominants et la parole politique institutionnelle. Salvini a été l'homme politique européen le plus présent sur Instagram, avec le plus de followers. Giorgia Meloni a percé par une vidéo virale sur YouTube, bien plus que par son livre à succès.

Allons plus loin : ce « démocratisme numérique » qui égalise toutes les paroles et défie toutes les supériorités et les médiations institutionnelles, *fait du populisme le style politique obligé de tous les leaders*, « populistes » ou pas. La télévision prédispose au style bonapartiste, le numérique au style populiste : l'espace public actuel, à la croisée des deux, est ainsi propice au leader en même temps qu'à sa contestation virulente.

C'est pourquoi les héritiers des élites politiques traditionnelles, tel Emmanuel Macron en France, se construisent désormais par des transgressions et une critique des corps intermédiaires, dans la conquête ou dans l'exercice du pouvoir. Le style de Boris Johnson, assez éloigné de celui du dirigeant conservateur traditionnel, a été en butte à ses propres parlementaires, avant d'être une victime finale de la « transparence ». Pourtant Boris Johnson a fait gagner le vieux parti conservateur avec le slogan « faisons le Brexit ». Emmanuel Macron a construit un mouvement politique réunissant les rescapés des deux grands partis qui ont structuré la Ve République, le Parti socialiste et Les Républicains. Comme si les vieilles structures politiques ne pouvaient survivre qu'à travers des leaders « disruptifs » qui incarnent des ruptures avec le « système » (sans changer celui-ci en profondeur). Leaders qui ne détestent pas les provocations, font peu de cas des concertations et négociations habituelles, des codes de communication politique anciens, et n'hésitent pas à défier les médias ou le parlement. Bref, des leaders qui ont adopté, peu ou prou, les habitus de la vidéosphère numérique, avec ses approximations et ses « punchlines » parfois à l'emporte-pièce.

Il y a certes des exceptions à cette vague du style populiste : l'Allemagne et sa stabilité, les seize ans de pouvoir d'Angela Merkel, sans charisme mais avec une grande habileté tactique, où l'AfD ne dépassait guère les 10 % (jusqu'à sa nette progression récente aux élections locales). Elle est, à vrai dire, la seule parmi les grands pays occidentaux, lesquels ont tous été touchés d'une manière ou d'une autre par la vague. Il faudrait peut-être voir dans l'Allemagne contemporaine, non pas un modèle comme on le fait souvent en France, pour mieux souligner notre propre « immaturité » politique, mais une exception due à son histoire traumatique, où le culte du consensus et de la stabilité, la méfiance à l'égard de l'autorité du chef et de sa relation avec le peuple, voire sa retenue dans le rejet de l'immigration (partout ailleurs dominant), donnent encore pleine légitimité aux vieux partis comme aux institutions parlementaires, au juridisme comme au fédéralisme, moyens de limitation du pouvoir et d'obligation au compromis. Dans les autres pays domine le style populiste couplé à la déstructuration des systèmes partisans issus des Trente Glorieuses.

Il y a eu rupture de consensus dans les démocraties libérales et les nombreux perdants de ce système trouvent dans le populisme numérique le moyen de contester leurs défaites et de retrouver une fierté, eût-elle parfois un goût saumâtre. Souvenons-nous des Gilets jaunes, mouvement constitué en quelques semaines à peine avec des groupes Facebook et, plus près de nous, du rôle des réseaux sociaux dans les émeutes de juillet 2023. Mais aussi, avant la Covid, de toutes ces soudaines révoltes populaires, d'Algérie au Liban, qui ont fleuri *grâce* aux smartphones et aux réseaux sociaux. Il faudrait aussi souligner le rôle des vidéos de femmes iraniennes brûlant des tchadors dans la contagion de la révolte populaire contre le régime des mollahs.

Dans la démocratie d'expression directe, *le leader est donc populiste ou bien emprunte au style populiste.* Mais dans une désintermédiation où il n'a plus toujours un parti politique structuré. À vrai dire, *le parti politique, c'est lui* : un « mouvement » sans histoire longue, dépendant comme jamais du leader-fondateur, qui peine à s'institutionnaliser, en particulier dans les élections locales – voyez en France le macronisme ou le lepénisme, et on pourrait en dire autant des Insoumis dont la pérennité, quand J.-L. Mélenchon ne sera plus leur leader, sera à observer de près... Personnalisation extrême d'une vie politique liquide ou gazeuse, puisque sans structuration durable, avec des clivages qui dépassent ou transforment le vieil antagonisme gauche-droite, lequel a structuré nos régimes représentatifs. Et pour le leader, oscillation régulière entre l'adulation et la détestation.

La post-vérité, retour sur la pandémie

Il y a un revers à la médaille de la désintermédiation... Le dictionnaire d'Oxford a mis un nom et une définition, l'année du Brexit, sur l'un d'entre eux : « Post-vérité : qui fait référence à des circonstances où les faits objectifs ont moins d'influence *pour modeler l'opinion* que l'appel aux émotions et aux vérités personnelles. » Les émotions et vérités personnelles pullulent dans l'expression numérique : c'est le royaume du « ressenti » et du témoignage, celui du « moi je sais » et du « moi j'ai vu ». La vieille distinction philosophique des opinions – ce mélange de préjugés et d'intérêts – et du savoir, en prend un coup, puisque l'opinion obtient une légitimité au moins égale. La « montée en généralité » propre à la politique souffre de ces émotions débordantes, comme la propension à argumenter souffre des faux savoirs. Sans doute est-ce le prix à payer quand le discours des partis de gouvernement a ignoré à ce point tant de réalités vécues : l'expression numérique en est le révélateur avant d'en devenir le catalyseur. Dans le domaine scientifique, qu'on parle de la santé ou du climat, les conséquences sont flagrantes... Tel parent témoignera ainsi qu'un vaccin a eu des effets secondaires sur son enfant – et sa vidéo YouTube sera partagée sur Facebook. Ces témoignages, fabriqués parfois mais pas toujours, ont joué un rôle important dans la propagation – la viralité numérique – de la mouvance « antivax » en France et ailleurs.

À l'automne 2020, en France, nous avons ainsi connu notre première crise de la post-vérité quand la deuxième vague de l'épidémie a été annoncée et qu'elle a souvent été déniée, à un moment où les « variants » étaient autrement plus virulents qu'Omicron. La réalité sanitaire s'est brouillée dans la confusion et la dérision des paroles et des images, des chiffres multiples et des coups de gueule. Nombre d'épidémiologistes et de virologues se sont lancés dans le concours de la prédiction, en cédant aux sirènes de la visibilité, à la suite d'un personnage marseillais, pourtant grand scientifique. Polémiques sur les plateaux et sur Twitter, où les plus raisonnables se sont parfois brûlé les ailes : la deuxième vague était priée de se plier aux brillantes supputations de nos savants en désaccord – ce qu'elle n'a pas toujours fait. Chacun d'entre nous avait ainsi son scientifique préféré, celui qui convenait le mieux à son degré d'exposition ressenti au virus : vous êtes ou vous sentez vulnérables ? Vous aimez les « enfermistes » ! Vous vous sentez invulnérables, vous voilà « rassuristes » ! Il n'y avait plus de faits médicaux, seulement des interprétations « scientifiques » divergentes, pour paraphraser Nietzsche, ce père de la post-vérité.

C'est en France, les études du CEVIPOF le montrent [1], que les diverses mesures de restriction ont été les moins

1. Philippe GUIBERT, « Les leaders européens à l'épreuve de la pandémie de Covid-19 », Note de recherche, Le Baromètre de la confiance politique, mars 2021.

soutenues en Europe, du confinement au couvre-feu. Autant de politiques il est vrai marquées par de belles et nombreuses absurdités bureaucratiques bien françaises – l'auto-attestation de sortie étant la plus ridicule, l'interdiction d'assister aux obsèques, la plus douloureuse. Mais des politiques qui ressemblaient néanmoins à celles menées en Allemagne, en Italie, en Espagne, et même au Royaume-Uni après l'erreur initiale de la stratégie d'immunité collective. C'est en France aussi que le démarrage de la campagne de vaccination a été le plus laborieux, où le principe de précaution a été le plus invoqué, jusqu'à un précautionnisme stérile, y compris par les autorités qui avaient épousé la prudence initiale de la population. Le pays n'était pas beau à voir en ce début 2021, où non contents d'être la seule grande nation à n'avoir pas trouvé de vaccin, nous étions aussi les plus frileux dans la vaccination, tout en étant les plus réticents aussi aux confinements et autres couvre-feux.

L'épidémie a constitué un « crash-test » grandeur nature de la confiance dans nos institutions, mais aussi du « leadership » comme on dit dans les écoles de management. Le bilan ne joue pas en notre faveur, malgré une constitution conçue sur mesure pour les crises, qui a permis à Emmanuel Macron de décider sans trop se soucier du parlement, ni même parfois de son gouvernement. La verticalité de la Ve République se retournait en autoritarisme pénible, animé par un technocratisme vétilleux pendant qu'une attitude anti-scientifique se répandait dans la société. Pourtant, avec une ductilité remarquable, Emmanuel Macron épousa l'évolution des esprits, en particulier celle des personnes âgées – avant d'être bien aidé par le variant Omicron.

Emmanuel Macron, réélu « grâce » à la pandémie ?

Faisons ici une parenthèse, autour d'une question lancinante : Emmanuel Macron aurait-il été réélu sans cette pandémie ? Car la forte contestation sanitaire n'a nullement gêné sa réélection, peut-être même l'a-t-elle favorisée. Question bien sûr sans réponse vérifiable, mais que l'on peut tout de même explorer. Le chef de l'État a en effet gagné une dizaine de points de popularité en moyenne (de 30 % à 40 % de soutien dans la plupart des baromètres), par rapport à la période d'avant la pandémie, marquée par la longue crise des Gilets jaunes. Et ce gain de popularité, pourtant moins fort que ceux enregistrés en Allemagne ou en Italie par Angela Merkel et Giuseppe Conte, a en particulier été constaté chez les personnes âgées, les plus vulnérables au virus, mais qui refusaient avec véhémence, et c'est essentiel, toute mesure les ciblant spécifiquement. Ce soutien au « chef protecteur » pendant la crise, au sein d'une population stratégique sur le plan électoral, celle des retraités (35 % des inscrits, mais plus de 40 % des votants au vu de leur plus forte participation électorale) avait certes déjà augmenté à la fin de la crise des Gilets jaunes et aux élections européennes de juin 2019. Mais il a été amplifié les deux années suivantes, jusqu'à la présidentielle. L'effondrement de Valérie Pécresse, candidate des

Républicains, doit beaucoup au ralliement de l'électorat âgé de droite au président sortant. Ce mouvement décisif, que les intentions de vote ont mal anticipé (une fois de plus) a certes d'autres raisons que la politique sanitaire, notamment le vote utile en fin de campagne, par crainte des candidatures de Marine Le Pen et de Jean-Luc Mélenchon, en plus des faiblesses manifestes de la candidature Pécresse. Il est néanmoins très intéressant de constater que la gestion des crises qui ont marqué le premier quinquennat d'Emmanuel Macron – des Gilets jaunes à la pandémie, peut-être même la guerre en Ukraine –, ont permis à ce dernier d'agréger un électorat qui constituait de longue date la base sociale de la droite en France. Les conflits latents entre classes d'âge sont désormais décisifs dans nos pays en plein vieillissement. La réforme des retraites, à laquelle les plus de 65 ans étaient largement favorables parce qu'ils la percevaient comme la garantie de leurs niveaux de pension, en a été une autre illustration.

Au mouvement des plus âgés vers Emmanuel Macron, a correspondu un mouvement inverse des actifs vers des votes et des leaders anti-système : Jean-Luc Mélenchon et Marine Le Pen. Leaders qui furent souvent hostiles aux mesures de restriction ou au passe sanitaire, et parmi les plus sceptiques à l'égard des nouveaux vaccins, début 2021. C'est donc une erreur de dire, comme Marine Le Pen, qu'« Emmanuel Macron a acheté son élection avec le quoi qu'il en coûte » : ce « quoi qu'il en coûte » financier pendant la pandémie a surtout profité aux actifs et aux entreprises. En revanche, la politique sanitaire du président sortant, en butte à une contestation réelle chez les actifs, a bien contribué aux votes des plus âgés en sa faveur, au premier comme au deuxième tour de la présidentielle.

Qui nous mettra d'accord sur les faits, ceux qui sont vérifiables et constituent la base d'une discussion et d'un monde communs ? La tentation de médias de plus en plus dépendants des réseaux sociaux est de s'idéologiser pour capter des communautés numériques – les fameuses « sphères », au risque parfois d'en oublier la recherche des faits. C'est le retour de médias d'opinion, non plus liés à des partis comme à la fin du XIXe siècle, mais à des familles idéologiques. Le politique, et le chef en premier lieu, doivent diriger et décider dans cet univers instable comme un sol mou, où la confiance et la croyance dans les outils traditionnels d'établissement des faits sont profondément remises en cause. S'appuyer sur la science, devenue aux yeux de beaucoup un pouvoir plus qu'un savoir, ne garantit plus la possibilité de débattre sereinement.

La « post-vérité » porte en elle la guerre des procès réciproques en trahison. Ce n'est plus la politique du chef qui est critiquée, comme il se doit, mais sa légitimité même, ainsi que celle des institutions. Le chef doit s'appuyer sur les groupes sociaux les plus portés à croire « sa » vérité ou à choisir une vérité, fût-elle parfois « alternative », qui convient à sa base sociale.

Orwell à l'envers ou le poids de la morale

Tant que la parole était monopolisée par de bons clients de médias accrédités, respectueux des puissants et des notoriétés, la parole des victimes des dirigeants était maintenue dans les marges, sinon exclue. Le smartphone et les plateformes de réseaux sociaux transforment ici encore la fonction de l'opinion publique : il s'agit désormais comme jamais de contribuer activement à la chute personnelle des gouvernants, par la pression mise sur eux quand ils sont soupçonnés. Et le rapport de force s'inverse, comme les inconvénients : les accusés, à tort ou à raison, de crime ou de complaisance, sont acculés dans le coin du ring social, sous les coups numériques, pendant que la parole rameute et excite la détestation. De l'impunité indéfendable de jadis, on passe au risque inverse, celui du soupçon généralisé et permanent. Les relations entre hommes et femmes et la sexualité en sont particulièrement l'objet, avec cette ambivalence caractéristique de notre époque : fin heureuse de l'impunité mais soupçon possiblement abusif. La vie privée, on l'a dit, est devenue non seulement une attestation d'authenticité mais aussi, puisque l'intime est désormais réputé « politique », un certificat de non-dangerosité (Winston Churchill et ses whiskys trop nombreux auraient contesté nos évidences actuelles).

Parler de dérive orwellienne pour dénoncer cette grande transformation est une inversion de sens. Dans *1984*, « Big Brother » scrute l'intimité de chacun grâce à une caméra installée dans le salon par un pouvoir politique totalitaire. C'est l'exact contraire qui se passe dans notre démocratie de l'expression : ce sont les autorités et ceux qui les incarnent qui vivent aujourd'hui sous l'œil numérique de la foule déboulonneuse de statues (anciennes ou présentes), grâce à des smartphones prompts à dénoncer le fautif par une prise de parole virale et à attester au besoin par l'image prise sur le vif – quatre homards géants sur une table par exemple, ou bien une fête en plein confinement à Downing Street. La « tyrannie » de la visibilité, c'est celle qu'exerce cette multitude sur les autorités, en s'appuyant au besoin sur le pouvoir judiciaire (celui-ci ne manque pas d'en jouer). Tyrannie d'un nouveau pouvoir *spirituel*, et non temporel, qui instaure non des lois, mais un nouvel ordre de priorités et de préoccupations, d'injustices à dénoncer, de bons comportements à observer ; qui ne distribue ni ne retire de l'argent, mais des réputations et du prestige – le prestige, ce vieil attribut des chefs légitimes... La multitude numérique incarne, avec ses influenceurs et lanceurs d'alerte en avant-garde, le juge et le journaliste juste derrière, ce pouvoir moral grandissant, forçant l'ancien, celui des médias classiques, à suivre.

Cet orwellisme inversé a pour conséquence logique de nous réquisitionner, nous autres citoyens, en tant qu'apprentis-juges ou policiers ; il ne néglige jamais de flatter notre voyeurisme. En se nourrissant des enquêtes, souvent de source judiciaire, qui offrent aux médias leurs meilleures audiences. Le succès de *Mediapart* comme du *Canard enchaîné* leur doit en effet beaucoup, contre le vieux journalisme de connivence et de respect des autorités – garant, parfois, de l'impunité des coupables.

C'est ainsi que le triangle systémique de la démocratie du public s'est déréglé et comme inversé avec la démocratie de l'expression directe. Les gouvernants et autres autorités vivent sous la menace judiciaire, et plus encore sous la menace de réputation et de prestige social : la vie publique est devenue une aventure, où la mort sociale est au coin de la rue... Ce qui ne contribue pas toujours au courage – dans notre gestion sanitaire de la Covid, le « risque judiciaire » a souvent joué. Bien des politiques ont renoncé, préférant à l'exercice d'un mandat et au travail d'une ambition, la vie confortable d'une banque ou du lobbying, qui outre l'argent que le non-cumul des mandats ne permet plus, offre la tranquillité et une relative invisibilité.

De leur côté, les médias encadrent de moins en moins l'opinion, ils doivent se couler dans la recomposition idéologique en cours, qui a lieu sur les réseaux sociaux, via des minorités très actives, et non plus dans les partis politiques, devenus de frêles réseaux d'élus locaux. Et les citoyens s'y perdent un peu, ne sachant plus démêler les faits de leurs interprétations. Le chef, manager ou urgentiste, en devient bien plus vulnérable ! Populiste obligé, fût-il honteux, sans parti durable, sa vérité est aussi éphémère que les mouvements qui le détestent, et il vit sous vidéo-surveillance de la multitude.

Troisième partie

LES DERNIERS AVATARS DU CHEF

Caractère, prestige, idéal

D'un grand chef l'autre, comme une éternelle nostalgie. Biographies, essais, anniversaires, expositions, documentaires et polémiques : le travail permanent de mémoire, si dépendant du présent et par nature déformé par lui, nous conduit de chef en chef, de l'ambivalente épopée napoléonienne au culte du fondateur immaculé de la Ve République. Nous voilà donc, presque deux ans après la reconduction désenchantée d'un président sans lien affectif avec la nation et pas toujours soucieux de rassembler, en quête perpétuelle du chef impossible.

Mais qu'est-ce donc à la fin qu'un chef, un leader, qu'il soit homme ou femme puisque là où il y a un pouvoir, politique ou économique, temporel ou spirituel, il en faut toujours un, nécessité d'airain à laquelle ne résiste longtemps aucune critique anti-autoritaire ? Essayons d'identifier quelques « invariants » du chef légitime, par-delà les variations politiques, technologiques, culturelles et sociales. Quitte à constater leurs vicissitudes actuelles.

Quand survient un nouvel âge politique, en revenir aux catégories anciennes permet de mieux mesurer les écarts du présent. Ainsi de cette trilogie antique : le tyran, le savant, le prophète. Typologie des chefs et des affects sur lesquels ils s'appuient, dont les prolongements contemporains donnent à réfléchir. Un tyran gouverne par la peur. En démocratie, ce serait plutôt la contrainte, celle de s'adapter à la globalisation, à son ordre financier, avec ses « marchés » en vigilu et ses crises (songeons à la litanie des : « il faut vivre avec » ; avec le terrorisme, avec un virus, avec la « fin de l'abondance »). Mais la peur reste un argument puissant dans les crises justement, qu'elles soient sanitaires ou guerrières.

Un savant dirige par le savoir. Ce qui renverrait de nos jours à l'expertise technocratique, version technicienne et spécialisée du savoir. Elle est omniprésente dans les administrations publiques et privées, issue souvent des mêmes écoles, du moins d'écoles qui forment au même impératif, celui du « chiffre », de la « gouvernance par les nombres » pour reprendre l'expression d'Alain Supiot. Or, la Ve République verrouillée du quinquennat lui a comme donné le pouvoir. « La culture générale est la véritable école du commandement », disait de Gaulle dans *Vers l'armée de métier*. La spécialisation de nos élites dans l'économisme et le juridisme ne confère pas le même genre d'autorité.

Un prophète, enfin, guide son peuple vers l'émancipation au nom d'un idéal mobilisateur tout-puissant. Mais ne s'agirait-il pas surtout, désormais, de résister aux menaces, plutôt que de s'émanciper ? L'émancipation individuelle a encore la cote : version de droite dans l'autoentrepreneur de lui-même sur le marché-roi ; version de gauche dans l'auto-construction de soi-même après déconstruction des stéréotypes... Mais l'émancipation collective, « la liberté des anciens », celle de contribuer à un destin collectif maîtrisé et délibéré, et les idéologies d'hier – le socialisme en particulier – ont comme disparu, et leurs prophètes avec. Restent les prophètes de malheur, climatique ou civilisationnel – Éric Zemmour ou Greta Thunberg ont ce point commun. Sans avoir jusqu'à présent trop remis en cause, en France, la prééminence du candidat de l'expertise technocratique.

Ces trois modèles sont des idéaux-types, qui se mêlent dans la réalité, ancienne ou contemporaine. Par exemple, dans la gestion d'une pandémie, quand il faut à la fois contraindre pour imposer un confinement ou un couvre-feu, justifier ces décisions au nom d'une expertise sanitaire scientifique, quitte à faire peur, mais aussi dessiner une vision du pays dans la crise, souder et mobiliser pour en sortir – exercice plus ambitieux, pourtant fondateur d'une légitimité durable.

Les « classiques » du chef sont encore plus éclairants : ils permettent de dégager trois « invariants » et ce sont ceux-là dont nous allons analyser les avatars contemporains. De Gaulle (*Le fil de l'épée*, 1932), Freud (*Psychologie des masses et analyse du moi*, 1921) et Weber (*Le savant et le politique*, 1919), permettent de caractériser le « bon chef », celui qui entraîne plus qu'il n'use de la force – même s'il ne renonce pas à la contrainte. Outre que ces trois ouvrages datent de l'entre-deux-guerres, où la question du chef fut posée avec tant d'intensité tragique, ils soulignent des qualités fondamentales, avec des convergences d'analyse étonnantes. Qui aurait dit que le fondateur de la psychanalyse et l'homme du 18 juin pouvaient parfois se rejoindre, ce dernier donnant aussi au passage un mode d'emploi du charisme wébérien ? On ajoutera aux œuvres de ces trois auteurs l'éclairage de l'inévitable Nicolas Machiavel, théoricien initial, contre le bon roi très chrétien et ses vertus, du chef politique moderne armé de sa *virtù*.

Trois invariants empruntés à de Gaulle, parce que son panorama est le plus précis, mais Freud et Weber les enrichissent. Il s'agit du *caractère* (ou capacité de décision protectrice), du *prestige* (ou charisme), *du service d'une « grandeur »* (ou d'un « idéal de la masse incarnée par le meneur » dans le vocabulaire freudien). Caractère, prestige, incarnation d'un idéal collectif que la démocratie de l'expression directe à l'âge global soumet à de rudes métamorphoses.

VIII

Le décideur non-rassembleur

Le « caractère » est bien premier, c'est le ressort initial du commandement, politique ou autre : il détermine la capacité de décision, en particulier dans les crises. « Dominer les événements, y imprimer sa marque, en assumer les conséquences, voilà ce qu'on attend du chef », résume de Gaulle de façon frappante, en ajoutant que celui-ci revendique toujours « l'âpre joie d'être responsable ». Un chef ne subit pas, il ne doit fuir ni les difficultés, ni les conséquences de ce qu'il veut, y compris en cas d'échec. C'est vers lui qu'on se tourne, lui qui en dernier ressort décide de l'essentiel – lui aussi qui doit assumer l'échec éventuel. Et son silence, face aux événements sidérants, ou sa prise de parole à contretemps ou à contre-sens, vaut désorientation supposée, sinon défaillance. Emmanuel Macron refusa de parler le 14 juillet, comme c'est la tradition, après les émeutes de début juillet 2023, alors qu'il prit vite et bien la parole après les attentats atroces du 7 octobre en Israël. La sidération populaire est décuplée, quand le chef lui-même reste sans voix ; sa contestation est encouragée s'il est trop bavard et verbeux. Au commencement de la décision, il y a le verbe du chef. Quand ce verbe est fort, il vaut décision et c'est ainsi qu'il « domine les événements » – en « gardant le trait », comme on dit aux échecs du joueur qui mène la partie.

Mais la fermeté indispensable, voire la dureté dans la prise de décision et de risques, ont pour contrepartie que le chef est « né protecteur » selon la formule de De Gaulle. Il y a un pacte fondamental entre l'allégeance au chef – le respect de sa légitimité – et la sécurité du groupe – du peuple en politique : « On rend au chef en estime ce qu'il offre en sécurité » – de Gaulle, encore. Le lien est originel entre les crises qui menacent un groupe humain et la fonction de chef : un chef qui ne peut garantir la sécurité, ou pire, qui entretient l'insécurité du groupe, sera bientôt un chef déchu, voilà un invariant politique, quelles que soient les variations historiques des menaces, des groupes et des institutions.

Voyez Zelensky, ancien comédien peu respecté avant l'agression russe, président d'un pays à l'identité incertaine, devenu porte-parole de sa résistance et incarnation d'une fierté nationale décuplée, par la grâce de son smartphone et de ses vidéos live sur les réseaux sociaux – du moins jusqu'à l'échec relatif de la contre-offensive ukrainienne. Rien n'indique que Poutine n'incarne pas lui aussi la figure du protecteur de la nation, pour une partie nettement majoritaire du peuple russe, il est vrai coupée de sources d'informations pluralistes, mais réunie par la crainte de l'encerclement et le souvenir de la grande guerre patriotique. Notons qu'à nos yeux d'Occidentaux, l'expression directe du « président smartphone » paraît bien plus authentique que la communication verticale du néo-tsar (ce qui ne devrait pas nous conduire à la sous-estimer). Voyez enfin Benyamin Netanyahou, dont le discours sécuritaire a été le capital politique le plus constant de sa longue carrière, capital qui s'est comme effondré le 7 octobre ; seule la position de chef de guerre pour « éradiquer » le Hamas, lui permet de survivre politiquement.

La pandémie de la Covid 19 et sa gestion ne sont pas non plus pour rien dans la défaite de Donald Trump comme dans les gains de popularité d'Angela Merkel. Une pandémie qui aura mis en difficulté, parce qu'insuffisamment protecteurs, les deux modèles de leadership que l'on croyait pourtant triomphants : le réformateur libéral et le populiste. D'une part, le manager national d'une globalisation à laquelle il fallait s'adapter, mais qui a été invité à se contredire avec le retour de la dépense publique, des frontières et de la souveraineté – la guerre en Ukraine entretenant ensuite les mêmes nécessités. D'autre part, le populiste identitaire, défenseur des perdants de cette mondialisation et adepte des vérités alternatives, dont l'hyper-volontarisme fondateur se sera heurté à une réalité sanitaire têtue comme un fait, puis au bellicisme de Vladimir Poutine dont il était parfois l'admirateur, sinon l'allié.

Cette dimension protectrice est, pour le chef, quasi synonyme de sa capacité de rassemblement. Freud le souligne sur un point essentiel : « un chef suprême est là qui aime tous les individus de la masse d'un *égal* amour », observe-t-il à propos de l'Église et de l'Armée, deux groupes institutionnalisés dont la cohésion tient à ce que chacun se sent protégé, dans l'égalité avec les autres. Est ainsi posée la question de la justice et de la reconnaissance, inséparable de celle de la sécurité. Elle résonne avec force dans nos sociétés, par nature divisées par les conflits d'intérêts et de valeurs, par l'opposition des niveaux et des modes de vie : le chef n'est pas seulement comptable de la sécurité physique des citoyens ; il l'est aussi de leur sécurité économique et sociale, culturelle et identitaire, auxquelles il faudrait encore ajouter la sécurité écologique pour une partie de la population désormais en « éco-anxiété ».

Les trois blocs et leurs leaders

Quels groupes sociaux le chef défend-il en premier lieu quand il décide ? De qui est-il le représentant dans le rapport de force social, de quel « bloc » est-il le nom et porte-voix, dirait un gramscien, et par conséquent, par quels autres groupes va-t-il être combattu ou détesté ?

Il est frappant de constater combien le premier tour de notre présidentielle, le 10 avril 2022, a mis en évidence trois blocs socio-politiques opposés, s'agrégeant autour d'un candidat porte-parole : Emmanuel Macron rassemblait la majorité des « intégrés », des retraités aux plus aisés ; Marine Le Pen celle des milieux populaires du périurbain, exclus des métropoles, et Jean-Luc Mélenchon celle des « dominés » de ces métropoles, diplômés déclassés et habitants des banlieues pauvres. Trois blocs qui ne vivent pas ensemble, quand ils ne se fuient pas ; qui s'ignorent quand ils ne se détestent pas. Le « bobo » métropolitain est la figure repoussoir du périurbain, la « racaille de banlieue », celle des deux autres groupes, et le blanc dominant (avec son privilège, son sexisme et ses émissions de CO_2) celle des diplômés déclassés. Politiques de l'inimitié et du ressentiment qui, dans la France archipélisée, rapprochent les îlots et renforcent leurs solidarités face aux modes de vie hostiles. Et suscitent *un besoin de tribuns, plutôt que de rassembleurs*. Tribuns qui s'affirmeront dans leur hostilité ou leur mépris à l'égard du leader d'un bloc honni. Jean-Luc Mélenchon le comprit en acceptant, lui, de débattre avec Éric Zemmour dès le début de la campagne présidentielle, incarnant ainsi, pour la gauche, la figure qui s'opposait le plus fièrement au candidat le plus repoussoir à ses yeux. On pourrait faire la même analyse avec un Emmanuel Macron exaspéré face à Marine Le Pen lors du débat de deuxième tour.

Mais, une fois élu, le leader d'un seul bloc verra sa dimension protectrice fortement contestée, sinon déniée par les deux autres, d'autant plus quand il ne s'appuie, législatives aidant, que sur sa seule base de premier tour. Ce chef manager, transformé en urgentiste quand survient une crise de la globalisation, l'inflation par exemple, se heurtera à la défiance des autres « blocs », malgré le robinet d'argent public qu'il a rouvert pour protéger. Avant d'obtenir un soutien affaibli des plus intégrés à la société et l'hostilité farouche des autres quand, par une réforme des retraites, il prétend remettre les comptes en ordre.

Lourde faiblesse que cette scissiparité du corps social et de ses leaders. Machiavel met en évidence un invariant politique fondamental : la division qui traverse toute communauté politique, celle qui oppose les « grands » – nous dirions aujourd'hui les « élites » ou la classe dirigeante – et le peuple. Cette division est dynamique et permanente : il n'y a pas de stabilité durable de l'ordre social, car il est toujours travaillé par ce conflit essentiel. Machiavel, si contemporain ici, nous permet de saisir l'essence du populisme et des crises actuelles du leadership libéral. Chaque cité, nous dit-il (chaque pays, dirions-nous) est animée par les « humeurs contraires » des « grands » et du peuple, dans leur lutte structurelle, les uns pour commander et accroître leur domination, les autres pour ne pas être commandés. Lutte motrice de l'histoire politique selon le Florentin au même titre que la lutte des classes pour Marx, même si la division peuple/grands traverse mieux les époques et les régimes que la conception étroitement économique des classes, définies par leur place dans le seul rapport de production.

Le prince est ainsi en équilibre très précaire au-dessus de ces forces tourbillonnantes, voraces pour les grands, attachés à leurs biens et à leur honneur pour le peuple. Or Machiavel veut asseoir la légitimité du prince, et celle-ci repose *in fine*, nous dit-il, sur l'« affection populaire ». Oui, l'« affection populaire » dont le prince a un « besoin absolu », répète-t-il à plusieurs reprises, pour faire contrepoids aux appétits des « grands ». Affection populaire qui signifie non pas une démagogie cédant toujours aux demandes populaires, mais le respect du peuple : savoir le protéger quand l'essentiel est en jeu, et donc, aussi, le rassembler. Napoléon en personne aura trois siècles plus tard des mots proches en soulignant qu'en

France, il faut s'appuyer sur les « masses » pour faire de « grandes choses ». En ajoutant cette phrase, qui semble venue directement de la prose de Machiavel : « Ce ne sont pas les petits qu'il faut surveiller, ce sont les grands. » « Souverains, protégez donc les petits, poursuivait le proscrit de l'Île d'Elbe, si vous voulez qu'à votre tour ils vous protègent. » Réflexions que pourraient méditer nos chefs démocratiques contemporains, car comment maintenir une légitimité quand on se veut le porte-parole d'un tiers seulement du pays, qu'on entretient la division de l'électorat comme un marketeur segmentant sa part de marché ?

Rassembler consiste d'abord à éviter à tout ou partie du peuple, parmi les « petits », de perdre la face – et c'est encore mieux quand on suscite leur fierté. Au nom de la cohésion nationale, au nom aussi de la légitimité politique qui doit ne pas trop éprouver, comme le répète Henri Guaino, « les limites du consentement » des citoyens. Les présidents « quinquennaux » l'ont oubliée d'autant plus, cette vocation, qu'ils s'imaginent, par la grâce du calendrier électoral, bientôt dotés d'une majorité automatique à l'Assemblée avec à peine un tiers des voix, que cette majorité soit absolue ou relative.

La critique ne vaut pas que pour Emmanuel Macron, l'élu des intégrés du « bloc élitaire » – pour citer Jérôme Sainte-Marie –, ceux qui croient au « système » parce qu'ils s'en sortent encore en son sein. Elle vaut aussi pour la gauche qui ne semble s'intéresser qu'au peuple et aux classes moyennes des métropoles, en conspuant les « petits blancs » des périphéries (dont les parents ou grands-parents votaient peut-être Mitterrand) et qui ont trouvé leur porte-parole en Marine Le Pen. La division du peuple en groupes hostiles accroît d'autant la domination des « grands » et de leurs représentants.

Le juge, nouvel inspecteur des travaux finis

La globalisation produit une extension continue du domaine du sécuritaire, par la multiplicité des crises qu'elle suscite ou accélère. Une tentative d'invasion militaire de l'Ukraine, fruit d'un unilatéralisme guerrier oublié, provoque, à la faveur de la globalisation, des situations proches de la famine dans certains pays africains, ce qui incite à la migration, en même temps que le conflit bouleverse nos approvisionnements énergétiques, avec des conséquences lourdes sur les niveaux et modes de vie des Européens. À cette extension du sécuritaire dont l'État et le chef élu doivent répondre en urgence pour éviter la révolte – c'est notre urgentiste en chef – correspondent pourtant dans nos démocraties libérales de fortes limites imposées au « caractère » du chef, c'est-à-dire à sa capacité de décision.

Car il faut se faufiler entre les traités internationaux et européens, le contrôle de constitutionnalité et les recours administratifs, les agences indépendantes, diverses concertations obligatoires, sans parler des règles fiscales et budgétaires européennes – on a évoqué la contrainte des marchés qui pousse le « manager » à « réformer ».

L'étape parlementaire du processus de décision est la plus longue, mais pas toujours la plus difficile (même pour une réforme des retraites, même quand on est en majorité relative). C'est ici un changement de nature de nos démocraties qui sont nées du régime représentatif, il faut le souligner. Tout un corpus de règles et de procédures a mis le politique sous surveillance étroite, en lieu et place du parlement dont c'était le rôle historique. Le juge, plutôt que le parlementaire, est ainsi le nouvel inspecteur des travaux finis du chef et de l'État, au nom des droits des individus, de la jurisprudence européenne et des accords internationaux. Le politique est traité dans nos démocraties comme un dangereux fauteur de troubles, auteur potentiel de grosses erreurs (ce qui lui arrive, il est vrai) mais qu'il convient de contrôler et d'encadrer, au nom d'une nouvelle conception procédurale de la démocratie et non plus de la traditionnelle responsabilité politique devant le peuple ou le parlement. Est désormais « démocratique » une décision conforme non à la délibération collective mais à la jurisprudence des juges. Ces derniers n'ont plus seulement une compétence négative, une « faculté d'empêcher » les abus de pouvoir comme le souhaitait Montesquieu. Par leur « création jurisprudentielle », interprétation de plus en plus sophistiquée des textes sacrés de nos déclarations de droits, ils dessinent désormais le bon chemin des gouvernants, le seul qu'ils pourront emprunter. En obtenant ainsi, *de facto*, une faculté de statuer. Le gouvernement des juges n'est pas loin – même s'il lui arrive de se retenir d'un trop grand coup d'éclat. Le concept historique de séparation des pouvoirs en est modifié, quand face au « pouvoir majoritaire » du chef avec sa majorité au parlement, c'est désormais le juge qui se dresse (appuyé souvent sur le bras du journaliste). Depuis trente ans, quel ministre a dû démissionner en faisant jouer sa responsabilité politique devant le président, le parlement ou bien ses électeurs ? Les limogeages sont discrets, dans le brouillard des remaniements ministériels... En revanche, le nombre de démissionnés pour mise en cause par une haute autorité ou bien par un juge, ne cesse, lui, d'augmenter.

Difficile de ne pas voir dans la réaction populiste qui jaillit de toute part une rébellion contre cette remise en cause du pouvoir politique, une réaffirmation du volontarisme contre les contraintes imposées par les juristes et les comptables, les juges et les experts, tous ceux qui semblent ne savoir que répéter : « il ne faut pas », « on ne peut pas » – sans oublier des médias dominants qui ont tendance à prêcher la bonne parole, et à exclure la mauvaise. Avec une telle reconfiguration des pouvoirs, héritière du traumatisme européen des totalitarismes, du tournant néolibéral des années 1980 et de la globalisation, mais aussi de la domination de l'exécutif sur le parlement, se profile un double risque. Celui d'abord que la démocratie telle qu'elle est devenue – plus libérale que démocratique – ne permette plus au chef élu d'agir selon la volonté et les attentes de ceux qu'il est censé protéger, ce qui le conduit inéluctablement à une perte de légitimité – l'impuissance à agir menant à la défaite électorale. Ou bien, au contraire, qu'à force d'être confronté à tant de crises, suscitant autant d'urgences à protéger les gouvernés, le chef ne soit incité à recourir à l'état d'exception, cette nouvelle dictature à la romaine, qui devient la norme du gouvernement, court-circuitant le droit habituel et surtout les délibérations nécessaires – un article 49 al. 3 de la constitution peut aussi y aider. C'est ainsi que nos démocraties libérales emportent le chef de caractère, homme des crises, rassembleur et protecteur né, soit vers la perte d'autorité d'un Gulliver enchaîné, soit vers la tentation autoritaire.

Nous voilà en tout cas pourvus d'un premier critère de chefferie : dominer les événements, en prendre la responsabilité mais pour protéger et rassembler, telle la fonction première du leader légitime, si un tel exercice est encore possible dans les conditions actuelles. Ainsi, Emmanuel Macron sait trancher. Les crises, des Gilets jaunes à la pandémie, puis la réforme des retraites, ont montré sa capacité à décider : il n'hésite pas très longtemps. Pas assez, peut-être, parfois. Sa vocation protectrice, en revanche, varie beaucoup selon qu'il se veuille manager ou urgentiste, et se déploie surtout en direction d'un marché électoral très ciblé – lequel est principalement constitué par les retraités. Sa vocation rassembleuse en est oubliée, et quelques discours solennels, dans des occasions choisies, ne suffisent pas à la ranimer de façon durable.

Quant au charisme et à l'idéal collectif, ces deux autres dimensions du chef légitime, il convient maintenant d'en comprendre les régressions contemporaines.

IX

Un charisme sans prestige

Après le caractère, celui du décideur protecteur et rassembleur, le prestige est notre deuxième invariant : il est une condition d'exercice et de maintien de l'autorité légitime. Ce mot si gaullien, qui fleure bon la culture militaire, est emprunté à un livre étonnant, *La psychologie des foules* de Gustave Le Bon. Livre à succès de la fin du XIXe siècle, qui a mauvaise réputation puisqu'il inspira des apprentis dictateurs (Mussolini en particulier), mais dans lequel l'auteur caractérise par ce mot de « prestige » le leadership du « meneur de foules ». Le livre influença aussi bien Freud, qui l'analyse longuement, que de Gaulle, qui y fait référence sans le citer explicitement.

La notion de prestige est à rapprocher de celle de charisme, considérée par Max Weber comme l'une des trois sources de légitimité de l'autorité avec la tradition (trop autoritaire ?) et la dimension rationnelle-légale (trop technocratique ?). Weber donne la définition suivante du charisme dans *Le savant et le politique* : « L'autorité fondée sur la grâce personnelle et extraordinaire d'un individu (charisme) ; elle se caractérise par le dévouement tout personnel des sujets à la cause d'un homme et par leur confiance en sa seule personne en tant qu'elle se singularise par des qualités prodigieuses, par l'héroïsme ou par d'autres particularités exemplaires qui font le chef. C'est là le pouvoir charismatique que le prophète exerçait, ou – dans le domaine politique – le chef de guerre élu, le souverain plébiscité, le grand démagogue ou le chef d'un parti politique. »

Dévouement et confiance à une personne dotée de qualités prodigieuses, d'une grâce extraordinaire : voilà bien autre chose qu'une « compétence » et même qu'une intelligence, fussent-elles remarquables, lesquelles renvoient au savoir de l'expertise, à la « techno-bureaucratie » de la légitimité « rationnelle-légale ».

Weber constatait la permanence du charisme malgré le « désenchantement du monde » ; il en soulignait même la nécessité face aux bureaucraties triomphantes et au règne des professionnels de la politique. Ces derniers résistent mal à l'ère de la post-vérité, quand les perdants du système deviennent bientôt majoritaires. Et le charisme n'est plus seulement alors un supplément d'âme au leadership, il devient une arme décisive pour porter la parole des perdants...

Cette conception du charisme développée par Weber est proche du « prestige » tel que de Gaulle le décrit : « Fait affectif, suggestion, impression produite, sympathie inspirée aux autres, le prestige dépend d'un don élémentaire, d'une aptitude naturelle qui échappent à l'analyse. Le fait est que certains hommes répandent, pour ainsi dire de naissance, un *fluide d'autorité*. » De la grâce personnelle au « fluide d'autorité », il y a une parenté. Mais l'auteur du *Fil de l'épée* va, lui, s'intéresser plus précisément aux conditions pour cultiver ce « don élémentaire », pour le protéger, ne pas le galvauder, puisque c'est un capital décisif du chef.

Le protéger d'abord par le *mystère*, c'est-à-dire une part de secret et de quant-à-soi, qui fait du chef une personne à part, qui ne se livre jamais tout à fait (il y a bien des choses qu'un président ne devrait pas dire, puisqu'il ne peut survivre que dans le paraître, non dans l'être). Cette distance vitale du mystère contraste avec l'exposition obligée de notre démocratie de l'expression directe, comme avec l'effritement de la séparation public/privé. Avec la « proximité » aussi, exercice compulsif de la communication contemporaine, laquelle a fini par rimer avec insincérité et inauthenticité.

Mais cette part de secret permet surtout la surprise et l'initiative, donc une maîtrise du temps, instrument essentiel de celui qui dirige, réputé maître des horloges, même si les crises l'accélèrent et provoquent une course-poursuite entre le chef et l'événement. Mystère qui va donc de pair avec une certaine réserve et l'économie des mots – pour mieux les faire ressortir et retentir : « Rien ne s'est jamais fait de grand dans le bavardage », soulignait déjà le colonel de Gaulle à 40 ans. Une rareté qui procède de la maîtrise du verbe.

L'exigence de transparence, la fin de la séparation du public et du privé, la nécessité de la présence, et même de l'omniprésence médiatique et numérique, toutes ces obligations du « président de crise en continu » entrent en contradiction évidente tant avec le mystère nécessaire qu'avec la solennité exigée. Si le chef est un protecteur, encore faut-il qu'il se protège lui-même de ce laminoir qui réduit le prestige de sa présence et de sa parole particulières. Depuis le roi du Moyen Âge, nous raconte Jacques Le Goff, présence et parole sont deux manifestations essentielles du souverain. À l'heure de la visibilité obligatoire, c'est un redoutable défi.

Un charisme de la provocation

Car présence et parole passent désormais par l'image-son, et le sens du prestige et du charisme en est transformé. Le charisme a perdu beaucoup de son prestige, il tend même à en devenir tout à fait dépourvu. L'enjeu ne peut plus être seulement le mystère et la solennité, difficiles à toujours préserver aujourd'hui, il sera plutôt d'affronter encore et encore les médias et la classe dirigeante, de conspuer leur langage dominant, ce « politiquement correct » des élites. Être fort et combattre à chaque instant, en impressionnant par sa répartie et sa résilience, au milieu des attaques permanentes, c'est désormais ainsi qu'on frappe l'imaginaire des foules. Là réside le charisme trumpien par exemple, mais tout autant celui d'autres leaders, qui empruntent au style « populiste » du direct live : défier par leurs sarcasmes « les médias ennemis du peuple » (ou de la vérité), ne jamais accepter le compromis avec le « système » qui vous met en accusation, pour mieux vous destituer (« Qu'ils viennent me chercher ! »). Jean-Luc Mélenchon ou Éric Zemmour lors de la campagne présidentielle, bien plus d'ailleurs qu'une Marine Le Pen en quête de respectabilité, ont souvent eu recours à ce charisme de la provocation, pour mieux tenter d'incarner la figure de l'anti-système. Être celui ou celle qui renverse la table, qui fait la nique aux importants, au point de les rendre ridicules ou mal à l'aise, cela peut procurer un certain plaisir à ceux qui sont ignorés et méprisés – les « déplorables » que le discours dominant aime à dénoncer.

On voit ainsi combien charisme et prestige dépendent de ceux à qui l'on parle et que l'on défend, dont on devient le tribun en voulant montrer qu'on est leur protecteur, sur le « marché » des divisions sociales évoqué plus haut. Le style de la télé-réalité couplé à celui du clash sur les réseaux sociaux est un nouveau « don élémentaire », une qualité particulière sinon prodigieuse, à la source du charisme cash d'aujourd'hui – un charisme de la force, dénué de surmoi.

Ici de Gaulle et Weber se séparent, quand charisme et prestige s'éloignent, voire s'opposent. Le chef ne joue plus son rôle dans une pièce de Corneille (de Gaulle lui empruntait beaucoup) ni dans un film de Claude Sautet (Mitterrand peut y faire penser parfois) ; il serait plutôt devenu le personnage principal d'une série, ou bien d'une émission de télé-réalité. On sait tout de lui, de ses amours et de ses faiblesses et à chaque épisode, il mène un combat acharné à l'issue indécise contre des adversaires redoutables. Va-t-il sortir vainqueur de la première saison ? Rien n'est moins sûr, mais le public se passionne, se divise ou bien se lasse si le rôle n'est pas bien tenu.

Nouvelle présidente du Conseil italien, Giorgia Meloni a vu son parti passer en cinq ans de 4 % à 25 % aux élections législatives, en bonne partie grâce à sa personnalité charismatique (et à la chute de son rival Salvini). Elle s'est construite autour d'une harangue scandée avec force et passion dans une réunion publique : « Je suis Giorgia, je suis une femme, je suis une mère, je suis une chrétienne, je suis italienne et personne ne m'enlèvera ça. » Devenue virale par une vidéo de deux minutes, remixée sur un rythme de DJ, ce discours qui paraît quelque peu creux à l'écrit et bien peu politique en apparence, est devenu son « stand-up » identificatoire grâce à ses douze millions de vues sur YouTube. Il concentre le sens de son message, contre ceux qui voudraient qu'il n'y ait plus de différence entre hommes et femmes, ni de christianisme, ni de nation italienne.

Dans la conception contemporaine du charisme, la relation est forte entre la dimension personnelle du leader (« je suis une femme, je suis une mère ») et la dimension idéologique. Il faut être ce qu'on dit, par la convergence demandée entre vie publique et vie privée : un récit politique sans appui sur l'histoire personnelle du leader perd en crédibilité. Et la teneur idéologique d'un propos ne passe plus par des idées mais par des proclamations et des indignations appuyées sur des attestations personnelles exemplaires. C'est le sens profond de la cohérence et de l'authenticité demandées au chef, on l'a vu dans l'enquête du CEVIPOF évoquée plus haut, qui met la vie privée au service du discours public. En termes sémiologiques, cette cohérence et cette authenticité signifient une dégradation symbolique de la fonction dirigeante, au profit de son référencement à une réalité brute, émotionnelle, corporelle, immédiatement visible. Une réalité qui porte en elle son sens immanent, sans construction abstraite, puisque décrite dans le langage courant, de préférence le plus « quotidien ». Sans référence partisane non plus – un parti supposait des codes et un vocabulaire spécifiques, en signe de reconnaissance.

Un lien émotionnel intense

Le charisme est devenu un mot bien galvaudé : il renvoie désormais aussi bien au manager de votre service, au chanteur ou l'acteur de cinéma que vous adorez ou au footballeur-star – Ronaldo ou Mbappé. Il a cessé d'être la catégorie politique d'origine religieuse qu'il était. On le reconnaîtra même plus aisément dans des domaines autres. Car le charisme des politiques est de plus en plus clivant : celui de Donald Trump ou d'Emmanuel Macron ne fait pas de doute pour leurs partisans respectifs qui les vénèrent, mais il est hautement contesté par leurs adversaires qui non seulement vont leur dénier cette qualité, mais plus encore vont les détester avec intensité, comme s'ils étaient profondément blessés, offensés » pour reprendre un terme contemporain, par leurs discours, parfois par leur seule présence. On est ici dans la répulsion ou la phobie.

Est-on détesté de nos jours pour ce que l'on *est* ou bien pour ce que l'on *fait* ? Et ce que *fait* le chef est-il rejeté pour ce qu'il est ou bien pour le mal-fondé de sa décision ? L'omniprésence de l'image et du son des leaders sur tous nos écrans, leur caractère obsédant comme la tonalité de plus en plus familière de leurs discours (« emmerder les non-vaccinés »), tout ceci contribue à effacer la distance symbolique de la fonction. Ils rendent plus difficile la *délibération* politique, qui suppose de mettre un instant à distance ses passions et ses intérêts personnels.

Les foules sécularisées de nos pays occidentaux ne reconnaîtront plus dans ce « don de grâce divine », origine littérale du mot charisme, ce qui les attache à leurs idoles. David A. Bell, dans un maître-livre sur *Le culte des chefs* souligne que le charisme finit par signifier, à force d'usage managérial ou people, un « magnétisme personnel », un don qui tient autant à l'apparence physique qu'à la voix ou à la capacité de répartie. D'où son extension aux stars et célébrités. Notre auteur relève dans la littérature psychologisante du « développement personnel », que le charisme signifiera à la fois « la confiance, l'exubérance, l'optimisme, un sourire facile, un langage corporel expressif ainsi qu'une voix chaleureuse et passionnée ». Cette confiance, cette exubérance, cet optimisme et surtout ce « langage corporel et vocal » plein d'énergie et d'entrain, sont des traits caractéristiques de l'ère de l'image et de l'oralité, celle de l'audiovisuel. Le comportement charismatique, dans une réunion publique ou professionnelle, dans une assemblée de « collaborateurs » ou un meeting, s'inspire désormais de ceux (et celles) qui « crèvent l'écran », ou nous « scotchent » devant – telle la harangue syncopée de Madame Meloni. Difficile d'échapper à ce cahier des charges de l'époque qui impose ses propres formes de relation avec le public et fait vieillir les autres, fussent-elles plus nobles, à grande vitesse.

Bell nous donne une clef de compréhension tirée de la grande rupture révolutionnaire de la fin du XVIIIe qui se prolonge au cours du XIXe siècle et qu'il faut pousser jusqu'à notre époque de la « vidéosphère ». Le charisme, nous dit l'historien américain, est une relation et non pas seulement une qualité, qui est reconnue par ceux qui y croient : il est « un *lien émotionnel direct et intense* entre un leader politique et ses partisans ». Ce lien émotionnel va dépendre des cultures et des époques, donc aussi des techniques de médiatisation de chacune d'entre elles.

Dans les révolutions des XVIIIe et XIXe siècles qu'il étudie, deux facteurs fondamentaux expliquent l'émergence et « la force révolutionnaire » des nouveaux leaders. Le facteur idéologique ou culturel – les Lumières, l'idéal d'égalité – qui permet à des personnages « sans pedigree royal ni aval religieux », à la différence des monarques qui les précédaient, d'avoir une légitimité pour accéder au pouvoir suprême. Et le facteur technique, concomitant et décisif : la diffusion de l'imprimé (l'écrit mais aussi la gravure) qui provoque la *médiatisation* de ces personnages, donc leur renommée. Dans une veine très médiologique, Bell conclue : « Les révolutions des médias ont généralement des conséquences politiques importantes, parce qu'elles changent fondamentalement la façon dont les gens ordinaires et leurs dirigeants se perçoivent et entrent en relation. »

On sait l'usage que firent Mussolini et Hitler de la radio et des actualités cinéma, prémices de l'audiovisuel. Les dictateurs et autres petits pères des peuples deviennent alors les modèles irrésistibles de leaders tout au long des années 1930, les incarnations d'un charisme mortifère venu de la Première Guerre mondiale, pour mobiliser l'homme nouveau dans une autre guerre, par médias de masse interposés.

La « démocratie du public » de l'ère médiatique puis la démocratie de l'expression directe de l'ère numérique ont aussi leurs règles spécifiques d'expression du charisme et de sélection des leaders. Après les chefs de partis séducteurs et télévisuels des années 1960 à 2000, le réformateur libéral et le populiste qui en est l'opposant sont devenus les nouvelles figures du leadership démocratique à l'âge global et numérique. Avec toutes les limites que nous avons relevées. Mais quels sont les types d'émotions qui leur font la courte échelle ?

X

De la « grande querelle » à la grande peur

Caractère et prestige du chef donc, fussent-ils diminués par l'époque. Mais au nom de quoi ? Le combat du chef, s'il veut conserver son autorité et son charisme, ne peut seulement consister à persévérer le plus longtemps possible dans son pouvoir, avant la chute inéluctable. « L'homme d'action, nous dit de Gaulle, ne se conçoit guère sans une forte dose d'égoïsme, d'orgueil, de dureté, de ruse. Mais on lui passe tout cela, et même, il en prend plus de relief, *s'il en fait des moyens pour réaliser des grandes choses.* » D'ailleurs, poursuit-il, « les conducteurs d'hommes s'identifièrent à de hautes idées et en tirèrent d'amples mouvements. » En exergue du *Fil de l'épée*, Shakespeare et son *Hamlet* : « Être grand, c'est soutenir une grande querelle. » Car la grande cause politique n'est jamais consensuelle, elle est polémique puisque politique. Elle a donc ses adversaires et ses obstacles, et c'est la force du combat mené – de la querelle – qui fait le chef. Une « inversion de la courbe », par exemple, ne fait pas vraiment l'affaire.

Le docteur Freud vient confirmer le diagnostic gaullien : l'idéal du chef est un « idéal du nous », un idéal collectif qui soude le groupe et que le chef incarne : « L'individu échange son idéal du moi contre l'idéal de masse incarné par le meneur », lequel se présente comme « un chef suprême fort » revêtu d'une « surpuissance », qui doit « donner l'impression d'une force et d'une liberté libidinale plus grandes » que les autres – dans le vocabulaire de Freud, « libido » ne renvoie pas qu'à la sexualité mais à l'énergie vitale.

L'identification au chef

La cohésion du groupe tient ainsi, selon lui, à la capacité d'incarnation du chef de cet idéal du nous, capacité qui permet l'*identification*, mécanisme décisif sur lequel repose l'adhésion qu'il suscite. Un mécanisme en relation étroite avec le charisme et le prestige du chef : pas d'identification possible sans une force plus grande du leader. Malraux définissait les personnages historiques, à commencer par de Gaulle, comme des « antidestins ». Le chef n'a bien sûr pas la destinée de l'homme ordinaire mais s'il subit des épreuves par nature bien plus grandes, sa force particulière est de les surmonter et de les dominer. Là se forgent le mécanisme de la fierté collective, cet « agrandissement » que le chef apporte aux autres. Mais pour cela, sa personnalité et ses dons de tribun, fussent-ils exceptionnels, ne suffisent pas : ils doivent servir plus « haut » que lui.

L'individu contemporain, dira-t-on, est moins porté que les « masses » des années 1930 et 1940 à « échanger » son idéal du moi contre un idéal collectif incarné. L'autoentrepreneur de lui-même a ses propres moteurs, conçus dans la grande matrice libérale et libertaire des années 1960 et 1970, et qui a abouti au délicieux individualisme contemporain. Mais croire qu'il peut se passer d'un idéal collectif, parce que blasé, consumériste et obsédé de lui-même, est une illusion : les idéologies, religions séculières et autres mythologies politiques, ne lui sont pas moins nécessaires. Même si elles resurgissent sous d'autres formes que les « grands récits » de la modernité, souvent en rupture avec l'héritage de notre culture politique historique – catholicisme et république laïque, en France. N'avoir que soi-même comme horizon est le plus souvent décevant, frustrant sinon déprimant. On a besoin d'une appartenance ou d'une croyance qui nous précède, nous excède et qui nous succédera : l'incomplétude humaine est inscrite en nous et on la ressent plus encore et plus vite quand on n'est pas un « gagnant » du système.

Le roi médiéval, soulignait Jacques Le Goff, était un « lieutenant de Dieu » : monarque à la légitimité divine, couronné et sacré comme tel, son pouvoir dépendait de plus grand que lui, d'une croyance qui rassemblait ses sujets. Le chef politique contemporain doit ou devrait être le lieutenant d'un idéal sécularisé, d'un « mot à majuscule », d'un mythe mobilisateur : c'est de là qu'il tiendra *in fine* son prestige ou son charisme. Du moins le chef qui ne se contente pas de la légalité, ni de la contrainte inhérente à l'exercice du pouvoir d'État, ni de l'expertise. Emmanuel Macron n'a pas été réélu en tant que chef charismatique, lieutenant d'un idéal, le 24 avril 2022, mais comme leader du moindre mal, appuyé sur sa « compétence » et sur « l'État de droit », avec pour base sociale ceux « qui ne vont pas trop mal », dans la France d'aujourd'hui. Sa légitimité est rationnelle-légale selon la typologie wébérienne. Sans « relation émotionnelle intense » avec la majeure partie de l'électorat, sinon parfois celle de la détestation.

On prête à François Mitterrand cette formule : « Après moi, il n'y aura que des comptables. » Ses successeurs se sont peut-être trop enfermés dans la gestion – à moins qu'ils n'y aient été enchaînés. On ne domine plus les événements, on s'y adapte, en particulier dans les domaines économique et social, mais aussi, désormais, écologique, énergétique et migratoire. Or, s'adapter à un ordre, celui de la globalisation, ce n'est pas un grand dessein ni un combat, c'est une contrainte que le peuple ne peut avoir le sentiment de choisir librement, surtout quand il s'en estime la victime directe ou indirecte. Quand la pratique du chef se réduit au « gestionnisme » du manager, c'est-à-dire celui qui met en œuvre le nécessaire, du moins ce qu'il décrète tel, il incarne la figure d'un « directeur général », non celle d'un président. Et quand survient la crise, il ne s'agit plus de s'adapter mais de faire face à l'urgence pour éviter l'effondrement, à défaut de pouvoir « dominer les événements ». À défaut, aussi, de « réaliser de grandes choses ».

Mais y a-t-il encore des idéaux disponibles sur le marché de l'espérance ? La multiplicité des crises et leur médiatisation nous font vivre dans un *imaginaire de la menace*, bien plus que de l'espérance : le principe de précaution paraît la sagesse ultime de l'époque. C'est un imaginaire philosophiquement conservateur, comme inspiré par Albert Camus (qui pourtant ne l'était pas), lui qui voulait, plutôt que « refaire le monde », qu'on « empêche qu'il ne se défasse ». Climat, terrorisme, pandémie, guerre, remise en cause des emplois, des identités, ou encore insécurités physique, économique ou culturelle : le sentiment d'un effondrement – et les collapsologies de toutes sortes – trouvent des arguments à faire valoir à l'âge de la globalisation.

Deux nouvelles mythologies contemporaines

Dans un pays où l'on se préoccupe d'abord de son bonheur privé – et surtout des risques qui pèsent sur lui, pouvoir d'achat, santé, sécurité et pension de retraite – deux mythes apocalyptiques s'affrontent pourtant, dans la décrépitude des grands récits et des cultures de jadis : le « grand réchauffement » et le « grand remplacement ». Effondrement programmé de la planète ou de la civilisation judéo-chrétienne ; de la vie humaine et animale ou de la France et de l'Europe « blanches » ; émissions de gaz à effet de serre ou invasions « barbares ». On dira que ce rapprochement est scandaleux, puisque le réchauffement climatique est établi scientifiquement (même si les prévisions sont sans doute moins précises qu'elles ne le prétendent), alors que le remplacement ne l'est pas (même si le métissage de notre pays est indéniable, comme sa « dynamique » multiculturelle). Ce qui nous intéresse ici tient moins à l'exactitude factuelle, à l'heure de la post-vérité, qu'aux émotions mobilisées par ces deux mythologies politiques. Cet affect commun est l'anxiété, couplée au sentiment d'impuissance lui-même porteur de rage. Montesquieu disait de la peur qu'elle était l'affect de la tyrannie, quand la vertu publique et l'égalité étaient ceux des républiques – et l'honneur celui de la monarchie. L'anxiété doublée de la rage face à la « trahison » ou l'inaction des élites, ne figure guère au dictionnaire des émotions politiques analysées, mais sans doute est-ce de la peur qu'elle se rapproche le plus. Il y a cependant trois différences majeures entre ces deux « anxiétés rageuses » qui modulent leur efficacité politique en retour.

La première ? Les effets du « grand réchauffement » dans les contrées européennes, hors bassin méditerranéen, sont pour l'instant amortis, malgré les canicules, les incendies estivaux toujours plus nombreux et la sécheresse inquiétante, alors que le « grand remplacement » touche, lui, aux relations interpersonnelles d'aujourd'hui. Elles suscitent des craintes, pas toujours injustifiées, quant à la sécurité des personnes et la confrontation à des mœurs autres, dans les relations hommes/femmes en particulier. Différence donc de temporalité perçue, ou « ressentie » – de rapport au temps – et le « présentisme » de notre époque est bien documenté.

Deuxième différence : le « grand réchauffement » nous culpabilise quand le « grand remplacement » nous exonère – c'est la faute aux autres. L'écologisme ressemble souvent à une nouvelle religion où l'on doit assurer son salut laïc en sauvant – individuellement – la planète par son comportement exemplaire, en se faisant pardonner ses péchés d'abondance et de gaspillage, sinon de confort, et en punissant les infâmes profiteurs irresponsables – les dominants et leurs complices. Là où le grand remplacement, lui, est xénophobe et désigne les autres comme dangereux, et non pas nous comme coupables. Le discours du « grand réchauffement », perspective scientifiquement inquiétante, est ainsi surchargé de religiosité séculière. La religiosité d'un néo-puritanisme hostile à l'« esprit de jouissance » des années 1970, avec ses objets de consommation mythologiques, dans un pays hédoniste mais vieillissant, qui a fait de ces années-là son âge d'or. Faut-il souligner l'efficacité respective de ces deux procédés de désignation de l'adversaire, soi ou les autres ? Ou bien se souvenir de Hobbes, pour qui les hommes recherchaient avant tout confort et sécurité ? Et faut-il s'étonner de la « droitisation » des opinions en Europe, en réaction à l'immigration, phénomène majeur dont les conséquences politiques sont pourtant déniées avec obstination à gauche, ou interprétées sous le seul angle du racisme ? La « prise conscience écologique », si elle progresse, n'a pas le même poids politique et électoral.

Dernière différence, le rapport à la verticalité : le grand réchauffement s'inscrit dans une perspective idéologique qui rejette toute forme de « domination » – le mot diabolique de la gauche d'aujourd'hui – donc peu encline à se ranger derrière un « leader ». Quand le grand remplacement, lui, s'inscrit dans le populisme ambiant qui oppose le peuple « sain » aux élites « mondialistes » qui le trahissent, en attendant le sauveur-tribun. Le grand réchauffement a ses influenceurs, mais pas de leader charismatique – le grand remplacement, lui, n'a pas encore trouvé le leader gagnant en France, mais n'en manque pas...

Il y a donc fort à parier que l'immigration cristallisera encore les affects politiques dans les prochaines années, plus que le dérèglement climatique, auquel on jugera certes nécessaire de s'adapter, mais pas de tout subordonner, encore moins de tout sacrifier. La sécurité et le pouvoir d'achat resteront bien le fond de décor principal de nos prochains scrutins, comme c'est le cas depuis une vingtaine d'années.

De grandes différences d'efficacité, donc, mais deux anxiétés qui sont sources potentielles d'autoritarisme, puisqu'elles entretiennent chacune un dangereux ressentiment, celui de l'impuissance, en nous déclarant, sur un ton tragique et définitif, espèce menacée de disparition. Car réchauffement et immigration sont des questions emblématiques de l'âge global, elles en sont même les produits dérivés par excellence : sans la globalisation, elles n'auraient pas le même pouvoir de déstabilisation, et ne susciteraient pas les mêmes craintes. La France ne peut, par définition, y répondre seule, et l'Union européenne, quant à elle, devrait se muer en puissance politique pour y apporter des solutions convaincantes, à l'exact inverse de sa philosophie d'origine. Face à ces deux anxiétés qui irriguent les « sphères » de nos réseaux sociaux et alimentent les polémiques, quels affects mobiliser pour un charisme qui « augmente » ceux qu'ils dirigent ? Qui permette « la croissance de leurs possibilités » comme le demandait Robert Damien cité au début de cet ouvrage, plutôt que d'augmenter le ressentiment, ce que Stendhal appelait « la haine impuissante » ?

La compétence et le moindre mal suscitent peu l'affect : ils proposent un choix un peu désabusé, pour ceux dont les fins de mois ne sont pas trop difficiles... Le « rationnel-légal » finira par perdre face à un charisme puissant en relation avec l'émotion dominante. Le chef du moindre mal, limité et contraint dans sa capacité de décision, attaqué dans son prestige, cerné par les crises, sans « idéal du nous » désirable par une majorité, est voué à être une déception récurrente, à incarner un « système » honni, à être le réceptacle d'une détestation mortifère. Or, une politique sans leader démocrate entraînant et populaire risque de se transformer en discussion pour spécialistes, interrompue à intervalles réguliers par des révoltes violentes, le tout dans l'abstention montante. Jusqu'à ce que les électeurs s'emballent pour un homme providentiel – ou une femme providentielle –, détenteur supposé de la martingale perdue de l'autorité et de la puissance, pour le meilleur ou pour le pire.

Conclusion

Le chef face au « libéralisme global »

Ce Gulliver politique qu'est le chef, dans notre histoire nationale, a bien quelques ressemblances avec le Gulliver de Swift[1] : au gré de son voyage dans le temps, il grandit ou rapetisse selon les circonstances pour se retrouver géant parmi les Lilliputiens ou bien nain parmi les « grands ».

La particularité de notre époque est que le chef a encore quelques apparences de la puissance sans avoir beaucoup de pouvoir effectif. Ce Gulliver est enchaîné non par les Lilliputiens, mais par un système politique qui enferme dans une tour d'ivoire, par une globalisation entrée en crise permanente, pendant que la révolution numérique, amplifiant leur propre épuisement, déconstruit les cultures et structures politiques classiques. On a voulu montrer les ressorts de ce tournant vers un président de crise en continu, minoritaire,

1. « Les voyages de Gulliver », de Jonathan Swift, ont été publiés en 1726.

surexposé mais sans autre lien avec la nation qu'un « bloc » ne représentant guère plus qu'un tiers de l'électorat ; sans prestige non plus puisque mis à nu et englué dans un style populiste qui rabote les distances symboliques ; sans grande querelle dans laquelle s'engager enfin, à force de gestionnisme et d'adaptation.

Ce président déficitaire en capacité de protection, en prestige et en idéal collectif est d'abord l'otage trop consentant, de la démocratie de l'expression directe. Celle-ci fait du président tout à la fois l'homme solennel des entrées au Panthéon – lesquelles se multiplient, comme s'il fallait multiplier les occasions d'une solennité présidentielle mise à mal – et l'homme qui joue avec McFly et Carlito dans le jardin de l'Élysée, monte sur une moto rejoindre sa belle en oubliant les paparazzis, ou insulte un malpoli d'un « casse-toi pauvre con » au milieu des caméras. L'homme des discours bien écrits et fortement prononcés est en même temps l'individu moyen, au comportement « adulescent », qui s'exhibe à l'insu de son plein gré. Rien de très nouveau sans doute dans l'humanité trop humaine de nos chefs – que Napoléon aurait souffert d'être sous vidéo-surveillance ! Si ce n'est qu'elle est trop visible désormais. Or l'effort constant depuis des siècles était précisément de la dissimuler, par la mise en scène du théâtre politique.

Beaucoup réclament la fin du « monarque républicain » sans s'être aperçus qu'elle était en réalité déjà effective. Un président n'a plus rien d'un monarque, pendant que l'esprit républicain dépérit. Le monarque, qu'on confond trop souvent avec la figure du tyran arbitraire, se devait de cultiver quatre vertus cardinales héritées de l'Antiquité et travaillées par la chrétienté : le courage, la tempérance, la justice, la prudence – un petit chef-d'œuvre d'équilibre toujours instable. Pierre-Henri Tavoillot souligne combien cet idéal du bon roi reposait sur l'idée fondamentale qu'il devait maîtriser ses passions pour maîtriser celles de la collectivité. Une formule de Platon la résumait : « Il faut d'abord se gouverner soi-même pour prétendre à gouverner les autres. »

Or le populisme ambiant de notre époque, auquel nos leaders finissent par se soumettre, prend l'exact contre-pied de cette sagesse-là : c'est en excitant les passions que l'on devient le tribun d'un bloc socio-politique, en s'appuyant sur les détestations et les phobies (l'époque du ressenti-roi conduit au ressentiment). Giuliano da Empoli en décrypte les mécanismes dans *Les ingénieurs du chaos* : on exploite la rage des électeurs que l'on cible en auscultant leurs datas. C'est l'ère des mobilisations négatives qui a permis à Trump de gagner par des publicités Facebook ciblant les électeurs hésitants de la *Rust Belt*, en excitant la détestation de l'arrogance de Madame Clinton – c'est l'affaire dite « Cambridge Analytica ». Mais « emmerder les non-vaccinés », ou bien faire « traverser la rue » à un chômeur pour qu'il trouve du boulot, c'est jouer aussi de l'exaspération des gens bien intégrés. Le tribun attise les passions négatives de son bloc, pour cultiver sa part de marché électoral : gouverner les autres, c'est désormais exciter leurs passions.

Quant à l'esprit républicain, il révérait, outre l'école et la laïcité, la séparation du public et du privé, la science et les faits établis, tout comme les institutions représentatives et les corps intermédiaires. Autant dire qu'il est moribond, malgré les invocations quotidiennes à ses mânes : il s'évanouit dans la post-vérité et la désintermédiation, comme dans la surexposition personnelle de l'élu soucieux de prouver son authenticité et de déployer son « narratif ». Aucun coup d'État d'un homme providentiel quelconque ne menace plus la République et son esprit, mais c'est peut-être pire : ils semblent comme frappés d'obsolescence.

Exit donc le « monarque républicain », ce tempérant déterminé de jadis. Place au manager dynamique, ce survitaminé parfois cynique, ou au populiste, ce tribun souvent démagogue. Proposition pour les impétrants de 2027 : si l'on ne peut échapper aux règles de la visibilité de son époque, sauf à ne plus jouer le jeu et donc à perdre, si le charisme passe en effet par un « lien émotionnel intense » et non par la raison pure, il n'est pas interdit de respecter les autres – les citoyens, et d'éviter la bouffonnerie. Pour paraphraser Platon, quand on veut respecter les autres, il faut commencer par se respecter soi-même.

Mais le chef est l'otage tout aussi consentant d'un autre mécanisme majeur, aussi idéologique qu'économique et juridique : la globalisation, consacrée par les traités européens qui sanctifient les fameuses quatre libertés de circulation des capitaux, des biens, des services et des personnes : les quatre piliers d'une « bonne gouvernance » à l'« âge global » ! Une mobilité obligatoire érigée en valeur suprême contre les appartenances, les identités, contre l'interventionnisme étatique aussi et cette « ridicule » souveraineté nationale et populaire, ces empêcheurs de fluidité et de liquidité. Le marché partout et les droits individuels toujours, telles sont les voies recommandées du « bonheur global » dans un libéralisme qui n'est plus limitation et séparation, mais volonté d'affaiblissement de l'État, de la nation et du politique[1].

Afin de mieux restructurer l'entreprise France dans ce cadre, le chef oscille entre le réformisme technocratique et l'ouverture en urgence du robinet d'argent public face aux crises. Dans le premier cas, pour mieux s'adapter à la globalisation ; dans le second, après une crise issue de la globalisation. Tout récit cohérent sur la durée est brouillé et la schizophrénie s'installe – avons-nous jamais été autant plongés dans notre Clochemerle local qu'à l'âge global, comme par compensation ? Ce faisant, on laisse aux mouvements et leaders anti-système le monopole de la critique de ce système-là, mélange de libéralisme économique et culturel, voué à l'émancipation d'individus sans racines ni frontières. Nos leaders successifs les plus raisonnables, par économisme obsessionnel et juridisme en forme de surmoi, semblent incapables de mener un inventaire raisonné de cette ouverture et de certaines de ses conséquences, du désordre migratoire au bilan carbone des échanges internationaux – entre autres. Il n'y aura pas de retour d'un chef démocratique digne de ce nom sans redéfinition de son autorité à partir de la question des frontières et de la souveraineté, c'est-à-dire des limites à apporter à la dilution programmée de l'État et du politique. Sans cela, les « leaders de la fermeture »

1. Le terme « néolibéralisme » est utilisé pour caractériser cette situation, mais la question de l'immigration et de l'insécurité culturelle, pourtant décisive, est souvent oubliée.

conserveront le privilège insigne d'incarner l'alternative, avec le risque de jeter le bébé des libertés avec l'eau du bain de ce « libéralisme global ».

Si l'opposition entre ce dernier et l'illibéralisme des partis populistes est le clivage politique premier de notre époque, c'est qu'il concentre le maximum d'antagonismes. Il met en jeu le pouvoir politique lui-même, sa nature face au marché et au droit globalisés et la conception du chef qui en découle – manager de la nécessité ou protecteur-rassembleur. C'est bien cet affrontement central qui évide l'historique clivage gauche-droite, lequel peut bien subsister dans les tempéraments, mais se heurte à la puissance de la globalisation : la gauche y a perdu sa vocation à protéger le peuple « social » et à promouvoir l'égalité, la droite sa vocation à garantir l'ordre et la force de la nation. Est-il encore possible, tout en reconnaissant l'efficacité du marché et la nécessité de protections individuelles fondamentales, de sortir de l'impuissance publique face aux dérèglements de toutes sortes que la globalisation accélère quand elle ne les provoque pas directement ? Question décisive, qui suppose d'arbitrer à nouveaux frais la tension entre cohésion de la communauté nationale, incarnée par un État doté d'un chef, et la circulation sans limites des capitaux, des hommes et des produits.

Ce chef pris dans les rets de la culture numérique et du libéralisme global est enfin l'otage volontaire de notre Ve République bis. Déverrouiller le mécanisme qui enraye son fonctionnement paraît indispensable au vu des impasses de la législature en cours. Sauf à vouloir que la violence s'installe dans la rue – on en approche à grands pas.

Plutôt qu'une ambitieuse et bien hasardeuse refonte constitutionnelle dont les circonstances propices ne seront jamais réunies – sauf catastrophe ou guerre civile –, la pratique accrue du référendum apparaît comme un bon remède à la crise actuelle. Le mécano constitutionnel au tableau noir est un prurit hexagonal [1], qui passionne les professionnels de la politique et du droit et fait parfois rêver les militants. Mais c'est un exercice bien abstrait de *tabula rasa*. Un exercice qui oublie volontiers que la Ve République a plusieurs fois changé en profondeur : de l'arbitrage gaullien par le peuple au césarisme parlementarisé de ses successeurs jusqu'à Chirac, avant verrouillage de la Ve bis depuis la fin des années 2000. À vrai dire, ce n'est pas le numéro de la République qu'il importe de changer, c'est redonner un contre-pouvoir populaire aux citoyens qui est vital. Pour que le chef soit bien obligé d'en revenir à sa vocation de rassembleur, celui qui sait apaiser les divisions plutôt que d'en jouer.

Il pourrait venir du recours à l'article 11, c'est-à-dire du référendum d'initiative présidentielle, sur les sujets les plus difficiles à trancher, quitte à en élargir le champ, comme il en est question. Mais le système actuel, justement, n'y incite absolument pas. Faut-il imposer un nombre de référendums obligatoires au cours d'un mandat

1. Nous-mêmes avons souffert de cette maladie juvénile, qui s'apaise avec l'âge, dans un livre co-écrit avec Vincent Peillon en 2002, *Une démocratie moderne. Après le quinquennat* (Plon, Fondation Jean Jaurès), où il était question d'édifier un « régime présidentiel à la française ».

présidentiel ? C'est risquer d'enchaîner encore un peu plus notre Gulliver, avec pour effet pervers probable d'user du référendum pour des questions secondaires. Donnons plutôt ce pouvoir aux citoyens, en modifiant les règles de ce qui est aujourd'hui appelé un « référendum partagé » précisément conçu pour qu'il ne puisse être enclenché. C'est une chose de dire que le référendum d'initiative populaire ne doit pas être une machine permanente à défier les votes du parlement ou à révoquer les élus – ce qui est juste. C'en est une autre de rendre sa pratique impossible, comme aujourd'hui. Ce sera un test assez décisif pour notre démocratie de voir si le futur projet de révision constitutionnelle va jusqu'au bout de ses intentions dans ce domaine.

Car il serait temps de comprendre que le « populisme » est un symptôme, une réaction du corps social à un système qui a voulu se passer le plus possible du peuple, lequel l'a bien compris puisqu'il s'abstient de plus en plus, quand il ne vote pas « populiste ». C'est d'un aiguillon dont le chef a besoin pour se souvenir à nouveau qu'on ne peut gouverner durablement sans le peuple. Un aiguillon qui soit une menace assez sérieuse pour qu'il soit contraint d'en tenir compte au cours de son mandat. La possibilité d'une cohabitation en cours de septennat a longtemps rempli cet office. Il n'y en a plus depuis.

Trouver un substitut à cette corde de rappel démocratique, dans un système aussi confortable pour l'heureux élu, n'a rien d'évident. Revenir au septennat poserait la question redoutable de son renouvellement éventuel. Décaler les législatives à mi-mandat conduirait à une campagne électorale permanente, comme aux États-Unis. Instaurer une proportionnelle intégrale à l'Assemblée susciterait une paralysie des pouvoirs vu l'état de décomposition de nos forces politiques et notre absence totale de culture des coalitions parlementaires. Et vider de son sens, amoindrir ou supprimer l'élection présidentielle qui reste, même si la ferveur qu'elle suscite décline, le moment de plus forte mobilisation démocratique dans notre pays, romprait un lien de plus avec les citoyens, le dernier qui tient encore un peu. D'où l'intérêt de débloquer plutôt le mécanisme du référendum d'initiative populaire.

Mais le blocage le plus profond est bien idéologique, autour du « libéralisme global » et de sa tension avec l'esprit démocratique, avec les idées de souveraineté populaire et nationale. Le peuple au sens social est le plus attaché à cette souveraineté, parce que le plus exposé aux conséquences diverses de la globalisation, de la désindustrialisation aux échecs de l'intégration, en passant par le déclassement et la violence[1]. Renouer avec lui est le contrat d'assurance-vie d'une démocratie, avant passage au libéralisme autoritaire – mais nous y sommes –, puis au populisme autoritaire – nous y allons tout droit.

Une des plus pénétrantes définitions du chef rencontrées dans notre enquête ne vient pas d'un politiste mais d'un romancier, inspiré par un président américain.

1. Nous avions décrit avec Alain Mergier ces mécanismes dans *Le descenseur social, enquête sur les milieux populaires*, en 2006 (Plon, Fondation Jean Jaurès). Ce qui était vrai des ouvriers et employés à l'époque s'est depuis étendu aux classes moyennes.

Mondialement reconnu, bien qu'à l'instar de Roth et Kundera il n'ait pas reçu le Nobel, Amos Oz est décédé en décembre 2018. Né à Jérusalem, l'auteur d'*Une histoire d'amour et de ténèbres* et de *Judas* était aussi un homme engagé, en particulier dans le mouvement La Paix Maintenant dont il était cofondateur.

Le 2 juin 2018, à l'Université de Tel-Aviv, Amos Oz donna ce qui devait être sa dernière conférence. Il la conclut, lui l'homme de gauche, par une définition du leadership qu'il jugeait indispensable pour sortir son pays de l'impasse – pays depuis meurtri par le crime contre l'humanité du 7 octobre dernier. Amos Oz cite un président oublié des États-Unis, Harry Truman, successeur de Roosevelt de 1945 à 1953, lequel déclarait : « Si un type assis dans le bureau ovale se prend pour le maître du monde, il a de gros, gros problèmes, le pays et la planète aussi. [...] La seule prérogative qui vous appartient lorsque vous occupez le bureau ovale est que vous êtes très bien placé pour persuader les gens de faire ce dont ils n'ont pas envie, même s'ils savent au fond d'eux-mêmes que c'est inévitable. »

« Coup de génie », dit Amos Oz, qui commente ainsi : « Contraindre la population ne rentre pas dans les attributions du pouvoir. La soudoyer non plus. La flatter encore moins. » Amos Oz exclut la démagogie tout autant que la contrainte permanente dans l'exercice du leadership démocratique. La seule voie respectable et durable en réalité, quand les circonstances deviennent difficiles, est « de persuader les gens de faire ce dont ils n'ont pas envie, même s'ils savent au fond d'eux-mêmes que c'est inévitable ».

Un chef démocratique ne peut gouverner en comblant seulement des « désirs » ni en les réprimant toujours. La clef, pour échapper à cette double impasse, c'est la combinaison d'une capacité à « persuader » et d'une conscience populaire d'un intérêt commun, « au fond d'elle-même ». Or cette conscience populaire, c'est précisément la confiance entre le chef et le peuple qui peut et doit l'entretenir. C'est là une fonction essentielle du « leader », par un charisme qui nous « augmente » plutôt que de nous rapetisser. C'est aussi le sens profond de l'« affection populaire » que Machiavel recommandait au Prince de cultiver.

Puissions-nous entendre ces réflexions d'Amos Oz pour retrouver, en France, une fierté et une énergie collectives, en même temps qu'un chef légitime.

Bibliographie

ALAIN, *Propos sur les pouvoirs*, Gallimard, 1985.

David A. BELL, *Le culte des chefs. Charisme et pouvoir à l'âge des révolutions*, Fayard, 2022.

Napoléon BONAPARTE, *Manuel du chef, aphorismes*, Payot, 2009.

Yves COHEN, *Le siècle des chefs*, Amsterdam, 2013.

Giuliano DA EMPOLI, *Le Mage du Kremlin*, Gallimard, 2022.

—, *Les ingénieurs du chaos*, Gallimard, 2023.

Robert DAMIEN, *Éloge de l'autorité, généalogie d'une (dé)raison politique*, Perrin, 2013.

Régis DEBRAY, *Cours de médiologie générale*, Gallimard, 1991.

Régis DEBRAY, *Éclats de rire*, Gallimard, 2021.

Sigmund FREUD, *Psychologie des masses et analyse du moi*, Payot, 2012.

Jean GARRIGUES, *La tentation du sauveur. Histoire d'une passion française*, Payot, 2022.

Marcel GAUCHET, *Comprendre le malheur français*, Stock, 2016.

—, *La droite et la gauche*, Gallimard, 2021.

Charles DE GAULLE, *Le fil de l'épée*, Perrin, 2015.

Gérard GRUNBERG, *La République et les sauveurs*, Calmann-Lévy, 2022.

Ernst KANTOROWICZ, *Les deux corps du roi*, Gallimard, 1989.

Étienne DE LA BOÉTIE, *Discours sur la servitude volontaire*, Payot, 2016.

Gustave LE BON, *Psychologie des foules*, Payot, 2020.

Jacques LE GOFF, *Héros du Moyen Âge, le saint et le roi*, Gallimard, 2004.

Nicolas MACHIAVEL, *Le Prince*, Folio, 2007.

—, *Discours sur la Première décade de Tite-Live*, Gallimard, 2004.

Joseph DE MAISTRE, *Considérations sur la France et autres textes*, Bartillat, 2017.

André MALRAUX, *Les chênes qu'on abat*, Gallimard, 1971.

—, *La Politique, la culture. Discours, articles, entretiens (1925-1975)*, Folio, 1996.

Bernard MANIN, *Principes du gouvernement représentatif*, Flammarion, 2012.

Jean-Claude MONOD, *Qu'est-ce qu'un chef en démocratie ? Politiques du charisme*, Seuil, 2016.

Amos OZ, *Rien n'est encore joué, la dernière conférence*, Gallimard, 2019.

Luc ROUBAN, *Les raisons de la défiance*, Presses de Sciences Po, 2022.

Nicolas ROUSSELLIER, *La force de gouverner*, Gallimard, 2015.

Pierre-Henri TAVOILLOT, *Comment gouverner un peuple-roi ? Traité nouveau d'art politique*, Odile Jacob, 2020.

Max WEBER, *Le Savant et le politique*, La Découverte, 2003.

Michel WINOCK, *La fièvre hexagonale*, Gallimard, 1986.

Remerciements

Aux chercheurs du CEVIPOF, en particulier Luc Rouban et Bruno Cautrès, que le sujet a intéressé.

À Arnaud Benedetti pour son aide.

À Diane Le Beguec et Valérie Bengio, pour leurs relectures attentives et précises.

À Régis Debray pour ses encouragements et critiques.

À Leila pour son soutien constant.

Table des matières

Composition : Le vent se lève...

Achevé d'imprimer
sur les presses de la Nouvelle Imprimerie Laballery
58500 Clamecy

N° d'impression : 401778
Achevé dimprimer : février 2024
Dépôt légal : février 2024

Imprimé en France